观海文丛——华东师范大学外语学院学者文库

全球化语境下的翻译与传播

——翻译研究文集

张春柏　主编

南开大学出版社
天　津

图书在版编目(CIP)数据

全球化语境下的翻译与传播 ：翻译研究文集 / 张春柏主编. —天津 ：南开大学出版社，2021.10

（观海文丛. 华东师范大学外语学院学者文库）

ISBN 978-7-310-06147-1

Ⅰ. ①全… Ⅱ. ①张… Ⅲ. ①翻译学－文集 Ⅳ. ①H059－53

中国版本图书馆 CIP 数据核字(2021)第 201539 号

全球化语境下的翻译与传播——翻译研究文集
QUANQIUHUA YUJING XIA DE FANYI YU CHUANBO
——FANYI YANJIU WENJI

南开大学出版社出版发行
出版人：陈　敬
地址：天津市南开区卫津路 94 号　　邮政编码：300071
营销部电话：(022)23508339　营销部传真：(022)23508542
https://nkup.nankai.edu.cn

天津午阳印刷股份有限公司印刷　全国各地新华书店经销
2021 年 10 月第 1 版　　2021 年 10 月第 1 次印刷
230×155 毫米　16 开本　12.5 印张　2 插页　180 千字
定价：63.00 元

如遇图书印装质量问题，请与本社营销部联系调换，电话：(022)23508339

前　言

本文集收录了近几年华东师范大学外语学院教师在翻译研究领域的代表作 12 篇，基本上反映了外语学院教师在本领域的研究水平。这些论文均发表在国内主要学术期刊上，研究范围涉及翻译理论研究、翻译史研究和个案研究。例如，窦卫霖、温建平的《习近平国际演讲亲民话语特征及其英译特色研究》和张春柏的《如何讲述中国故事：全球化背景下中国文学的外译问题》两篇文章对当前中国文化和文学如何走出去提出了一些新的见解；林元彪的《道器并重的“中国路子”——论潘文国“文章学翻译学”的理论与实践》一文对中国特色的翻译理论与实践做了深入的思考；高宁的《关于“可译/不可译”的形而上与形而下思考》一文从日语训读这一特殊的翻译形式角度讨论了可译性的问题；沈珂、许钧的《西蒙娜·德·波伏瓦的多重形象及其在中国的接受》和宋健飞的《卫礼贤与德译〈道德经〉》，以及其他教师的文章，则展示了外国文学汉译和中国典籍外译的不同侧面……

本文集收录的文章不但显示了作者们对理论前沿的探索和对翻译实践的思考，也证明了不同语言专业的学者互相切磋的重要性。即使是一名英语专业的教师，在阅读一些非英语专业教师的文章时也常常有耳目一新的感觉。如对于可译性的问题，日语训读这一特殊的翻译形式同样可以给非日语教学以新的启示，可以得出“在形而上层面，可译/不可译在很大程度上取决于可说/不可说；在形而下层面，可译之度不仅关涉不可译，同时也关涉可译”的结论。可见不同的文化必定会产生具有本文化特色的翻译理论。正如林元彪的文章所提示的一样，中国特色的翻译理论的存在也是不容置疑的，我们完全不必妄自菲薄。近两千年的中国翻译史，如果说没有产生中国特色的翻译理论，是不可想象的。我们所需要做的，只是对这些理论进行描写、总结、提炼和发展。由此还想到，我们研究中国的翻译实践，正是为了总结、提炼和发展中国特色的翻译理论，进一步指导我们的翻译实践，而不是去证明西方翻译理论的正确性。

华东师范大学外语学院教师近年发表了大量的翻译研究成果，本文集篇幅有限，无法全部收录。学院最近制定了“十四五”发展规划，得到了广大教师的认同，我们可以期待，在未来的五年中必将有更多、更优秀的成果问世。

编　者

2021 年 6 月于上海

目 录

"形""神"兼备的《红楼梦》人物会话个性化传译

曹艳艳　王佳艺

摘　要：《红楼梦》人物会话个性化传译要求译者在译本中既要保留人物会话的"形"，更要保留人物会话的"神"。会话翻译应充分再现会话的话语含义，包括复现其言外之意，进而使译本会话最大限度地接近原文的语用效果与神韵。会话的语用效果的全面传译涉及会话的话语含义、言语风格及文化内涵三个方面。会话的言语风格主要包括会话整体言语风格和个人言语风格。

关键词：话语含义；《红楼梦》；个性化传译

1. 引言

小说是以塑造人物形象为中心的文学体裁样式。小说中生动贴切的人物会话能起到表达人物的思想感情，显露人物的性格特质，描绘客观环境，传递审美情趣以及推动故事情节发展的艺术作用。因此，小说中人物会话的个性化传译对于译本整体质量有着举足轻重的影响。古典小说《红楼梦》中人物会话占全书篇幅将近一半，这无疑说明了人物会话在《红楼梦》中所占的重要位置。"从性格化角度说，《红楼梦》中的人物对话，已达到了小说语言艺术的极高境界"（高旼喜，2011：255)。因此，研究《红楼梦》人物会话个性化传译对小说会话翻译将很有启发、借鉴意义。

对比、分析《红楼梦》杨宪益、戴乃迭（1978 版本，后文简称为“杨译”）与大卫·霍克思（1973/1977 版本，后文简称为“霍译”）英译本，可以发现“形”“神”兼备的《红楼梦》人物会话个性化传译的要旨在于，使会话在译本语言及文化中最大限度地接近原文在源语语言及文化中取得的语用效果与神韵。会话个性化传译不应割裂语义、语体，而应结合语用与文化等因素多角度综合考虑，重视语境的作用。分析《红楼梦》人物会话的语用效果传译，应充分考虑话语含义、言语风格和文化内涵三个方面的传译。

2. 话语含义及翻译实例

会话是用语言表达意义的行为。人们通过语言表达的意义可分为直截了当说出的内容和含蓄隐晦表达的内容即会话含义。会话含义的获知是在交际双方具有共同的语境知识与文化背景的前提下，以话语的语义内容为基础，经由语用推理而得到的意义，即“言下之意，弦外之音”。

《红楼梦》人物会话源于生活，反映生活，也必然存在大量违反“合作原则”产生“弦外之音”的情况。同时，这也是作家塑造个性化人物形象的重要手段。在翻译中，由于原作者与译文读者在语言知识、文化习俗和思维模式上存在差异，取得会话含义的语用推理基础就有了残缺，这势必影响到译文读者对原作会话含义的理解。所以在会话翻译中应重视语境，尤其应注意分析作者意图与会话含义，采取适当的翻译手段，加以信息弥补，以建构译文读者与原作者之间最大程度的合作关系，恰当传递话语含义，取得最大限度接近原文的会话语用效果。

笔者认为，最大限度接近原文的会话语用效果，不仅指与原文词汇、句子字面义的接近，还包括字面义与语境结合产生的话语含义的接近。在翻译的理解和表达阶段都应把话语含义的传译作为一条基本原则。下面选取《红楼梦》杨宪益、戴乃迭译本与大卫·霍克思译本中的例子，看如何才能取得最接近的话语含义。

因笑道："天下真有这样标致的人物，我今儿才算见了！况且这通身的气派，竟不像老祖宗的外孙女儿，竟是个嫡亲的孙女，怨不得老祖宗天天口头心头一时不忘。"（第三回）

… She isn't like her father, son-in-law of our Old Ancestress, but looks more like a Chia… (Yang Hsien-yi & Gladys Yang, 1978: 39)

… She doesn't take after your side of the family, Grannie. She's more like a Jia... (Hawkes, 1973: 92)

原文中，熙凤夸张地说："天下真有这样标致的人物，我今儿才算见了"，表面是以此夸赞黛玉相貌出众，实则隐含对贾母的恭维，恭维贾母将美貌遗传给了外孙女。"这通身的气派，竟不像老祖宗的外孙女儿，竟是个嫡亲的孙女"，在这句话里我们知道熙凤刻意区分外孙女和孙女是和中国的传统文化背景分不开的。在古代中国家庭里儿子的地位尊贵，女儿的地位卑微。那么，人们对儿子的子女即孙子/女自然比女儿的子女即外孙子/女要更为看重。俗话说，"嫁出去的姑娘泼出去的水"，婚后的女儿已不被视作原生家庭的一员，而儿子却被视作原生家庭的顶梁柱。这就是为何孙女被称为嫡亲的缘故。熙凤自然深谙人情世故，她表面是在夸赞贾母的孙女，实则是借此恭维贾母，仅需只言片语就奉承得贾母眉开眼笑，熙凤的八面玲珑、工于心计的形象跃然纸上，令读者叹服。熙凤此话绝非为比较贾母出身的史家与贾家谁尊谁卑，而是借比较林家与贾家的里外尊卑褒扬贾家。杨译深得原文要旨，翻译贴切。而霍译本却贬低了贾母出身的史家，这显然不是熙凤此番话的本意。通过此例，可以看出话语含义不同于句子的字面义，会话意图和语境对话语含义的恰当理解甚为关键。

3. 言语风格、文化内涵及翻译实例

言语风格主要体现在两个方面，即会话整体的言语风格和个人言语风格。会话的整体言语风格在句子、篇章层次上具有贴切性、连贯性和可推理性的特点。小说人物身处原文文化中，人物会话无疑会映射出他/她所处的文化特质，因此在译文中传译出原文会话所包含的文化内涵也很重要。

3.1 会话整体言语风格的再现

会话整体言语风格指小说中众多人物会话作为整体在语音、词汇和句法方面表现出的突出特点，它有别于某一具体人物特有的个人言语风格。众多人物的个人言语风格汇成了整部小说的言语风格，是小说艺术性的重要体现。如何传译会话整体言语风格对于再现原文的审美风格具有不可忽略的重要意义，正如伯顿所言："风格即人。在翻译非诗体文章时，若忽略或歪曲原文风格，译者从一开始就已经输了。"（Burton，1984：XI）。特色语音、词汇和句法结构是影响会话整体言语风格的重要因素。

3.1.1 特色音韵美的再现——同音词和近音词的翻译

同音词指两词或多词发音相同，但意义、拼写或词源相异；近音词指两词或多词发音相近。在《红楼梦》人物会话中，作者巧妙运用同音词和近音词，创造出独特的艺术美感，例如，"妆疯、装疯""香芋、香玉""鸭头、丫头"等用法。在翻译特色语音现象时，由于单词与语音之间的有些联系并非为所有语言共有，在语码转换中想完全再现此关系有难以逾越的障碍，这时译者就应致力于尽可能多地传递原文的话语含义。看下面一例：

鸳鸯指着他骂道："什么'好话'！宋徽宗的鹰，赵子昂的马，都是好画儿。什么'喜事'！状元痘儿灌的浆儿——又满是喜事。"（第

四十六回）

Pointing an accusing finger at her she swore. “What’s all this talk of ‘good news’ and ‘good fortune’?” (Yang Hsien-yi & Gladys Yang, 1978: 85)

She shouted, pointing at her angrily. “ ‘Wonderful news’ indeed!” (Hawkes, 1973: 417)

原文中鸳鸯利用同音替代，用“好画”和“状元痘儿灌的浆儿——又满是喜事”来驳斥她嫂子力劝她做贾赦小妾的提议，充分表达出她的极度愤怒之情。由于语音和词汇系统的差异，在英语里再现“好话”“好画”同音困难重重，若向译入语读者解释“宋徽宗”“赵子昂”“状元痘”等特色文化词汇将导致文字冗长，这样反而会削弱鸳鸯愤怒语气的再现，所以两译本均选择了语义概括的方式，虽然不可避免会有语用效果的部分损失，但也是无奈之举，可以理解。

3.1.2 特色构词法的再现——仿词的翻译

“仿词是指模仿对方应用词语的方法、风格、态度、语调和思维方式，以使对方显得愚蠢或可笑”（Cuddon，1986：483）。汉语中，两字词、三字词甚至多字词往往只有一个核心词，根据构词法，适当替换一两个词就可构成新词，而英语中却并非如此。在《红楼梦》里，出现了许多仿词，如“粉头、面头”“花姑娘、草姑娘”“冷香、暖香”“渔翁、渔婆”“芳官、圆官”“云哥儿、雨哥儿”“糖银、果银”“四儿、五儿”“内人、外人”“内侄女、外侄女”等。在翻译仿词时，话语含义的传递应放在首位，其次是单词的外在构成形式的再现。看下面一例：

林黛玉道：“今儿得罪了我的事小，倘或明儿宝姑娘来，什么贝姑娘来，也得罪了，事情岂不大了。”（第二十八回）

“It doesn’t matter their offending me, but think what trouble there’ll be if next time they offend your precious *Pao-chai*!” (Yang Hsien-yi & Gladys Yang, 1978: 404)

"If *Miss Bao* or *Miss Cow* were to call and they behaved like that to her, that would be really serious." (Hawkes, 1973: 44)

黛玉仿照"宝姑娘"创造出"贝姑娘"，讽刺、嫉妒之情溢于言表。杨译没有采用仿词，用显性翻译，直接点出了"宝钗"，讽刺的语用效果大打折扣。霍译利用仿词，创造出"Miss Cow"，讽刺、嫉妒的心理状态表露出来，唯一的缺憾是用"Miss Cow"与"Miss Bao"相提并论，似乎嫉妒的心理表露得太过明显，语言也嫌粗俗，想必黛玉不会如此讽刺宝钗，或许这里可以译成"Miss Shi"指代史湘云，也是一种尝试。

3.1.3 引经据典，运用习语、谚语

在《红楼梦》人物会话中，习语、谚语、诗词曲赋等被广泛地引用，形成该部小说人物会话整体言语风格的一大特色。如：

宝玉道："怨不得芳官。自古说'物不平则鸣'。"（第五十八回）

… Pao-yu expostulated. "As the proverb says, 'Injustice will cry out.'" (Yang Hsien-yi & Gladys Yang,1978: 298)

… said Bao-yu. " 'Any departure from the straight or even causes things to give voice.' " (Hawkes,1973: 127)

在原文里，芳官嫌干娘让自己用干娘亲女儿洗过头发的脏水洗头发，由此两人吵起来。宝玉同情、支持芳官，说了这番话。英汉语言都有"物不平则鸣"的谚语，不存在文化差异，因此杨译和霍译都很好地表达了该谚语的话语含义，取得了很好的语用效果。

3.1.4 特色句法结构的再现——连锁结构的翻译

连锁结构是汉语特色句法结构中典型的一种。连锁结构用紧密浓缩的句法结构来表达丰富的含义，产生独特的艺术效果。但鉴于语言差异，一味糅合目的语中的多种句式或盲目省略句子成分只会造成表达错误。因此，在翻译连锁结构时，要遵守目的语的句法规则，不应拘泥于源语句法结构。盲目模仿只会破坏译文语言。如：

黛玉道："跌了灯值钱，跌了人值钱？"（第四十五回）

"What is more valuable, lamp or man?" (Yang Hsien-yi & Gladys Yang, 1978: 74)

"Which is worse," said Dai-yu, "a broken lamp or a broken leg?" (Hawkes, 1977: 403)

在这个例子中，原文中连锁结构的使用把娇嗔的黛玉形象刻画得惟妙惟肖。杨译和霍译都恰当再现了话语含义。不同之处是杨译选择从正面翻译为"灯值钱还是人值钱"，而霍译选择从反面翻译"打了灯更糟还是摔折腿更糟"，都为可接受的译法。总之，连锁句的翻译原则仍是要优先传达话语含义。

3.2 个人言语风格的再现

在现实生活中，每个人的言语风格都是独一无二的，小说人物也是如此。个人言语风格有诸多制约因素，比如说话人的性格、社会背景、学识水平和特定的言语环境与文化背景等。若要使译本的个人言语风格得到恰当传译，就须使译本人物语言符合以上制约因素。

3.2.1 与人物性格塑造一致

我们知道，不同性格、社会背景、学识的人使用的语言是不同的。即使说话内容类似，说话风格也会截然不同。如：

"当日圣乐一奏，百兽率舞，如今才一牛耳。"（第四十一回）

"When the sage king of old played music, all the hundred beasts started dancing," quipped Tai-yu. "Today we've just this one cow." (Yang Hsien-yi & Gladys Yang, 1978: 5)

"It reminds me of the passage in the *History Classic* about the animals dancing to the music of Shun," said Dai-yu. "Only in this case it's just one old cow!" (Hawkes, 1977: 309)

黛玉寄人篱下，生性敏感，常爱语带讥讽。同时由于出身封建贵族，她又不可避免地带有贵族小姐对目不识丁的普通村妇的不屑，因而她取笑刘姥姥，喻其为“牛”。在杨译中，“sage”和“beast”赞颂圣乐，贬低刘姥姥，构成强烈对比。而霍译表述平淡，没能传译出黛玉的个人言语特色。

3.2.2 与特定的言语环境和文化背景相协调

个人的言语风格较稳定，有连贯性和可推理性，但在特定的环境中，个人言语风格也会有所改变，这从元春与父亲贾政的对话中可略窥一斑。

贾政亦含泪启道:“贵妃切勿以政夫妇残年为念,更祈自加珍爱。”贾妃亦嘱以：“国事宜勤，暇时保养，切勿记念。”（第十八回）

With tears too he replied, “Your Noble Highness must not grieve your precious heart in concern for your aging parents. We beg you to take better care of your own health.” Then it was Yuan-chun’s turn to urge her father to devote himself to affairs of state, look after his health and dismiss all anxiety regarding her. (Yang Hsien-yi & Gladys Yang, 1978: 255)

… To this formal speech the Imperial Concubine made a formal reply: “Sir. It is of course desirable that you should exercise the utmost diligence when engaged upon business of state, but it is to be hoped that you will take sufficient care of your own well-being whenever not so engaged, and will under no circumstances vex yourself with anxiety on our behalf.” (Hawkes, 1973: 362)

杨译用敬语“Your Noble Highness”来指元春，符合元春作为皇妃的身份，也符合大庭广众之下贾政对皇权表示敬畏的封建礼仪，使译文读者可以和原文读者一样体会到中国封建社会等级制度的森严，即使本是父女也要以君臣之礼相待。美中不足的是，杨译将“以政夫妇残年为念”译为“your aging parents”，与前述场合不相宜，贾政如何敢以“你年迈的父亲”自称？此处译为“Cheng and the wife”更符合正式的语体。并且杨译把贾妃的话改为间接引语，无法反映元春个人言语在特定场合的变体，是一个损失，而霍克思在翻译贾妃的这段话时更胜一筹。

4. 结语

“形”“神”兼备的《红楼梦》人物会话个性化传译就是要在译本中取得与原文最接近的会话语用效果，即对会话的话语含义、言语风格和文化内涵的传译。话语含义不单指话语的字面义，更重要的是指话语在特定的语用环境中产生的会话含义。会话言语风格包括会话整体言语风格和个人言语风格。文化内涵的传译要求在译文中保留原文的文化特质。只有结合语境，重视言语风格与文化内涵的传译，才能产生出会话翻译佳作。

参考文献

Burton, D. *Dialogue and Discourse*. London: Routledge & Kegan Paul, 1984.

Cuddon, J. A. *A Dictionary of Literary Terms*. Middlesex: Penguin Books Ltd, 1986.

Hawkes, D. *The Story of the Stone (Volume 1): The Golden Days*. London: Penguin Group, 1973.

Hawkes, D. *The Story of the Stone (Volume 2): The Grab-Flower Club*. London: Penguin Group, 1977.

Yang Hsien-yi & Gladys Yang. *A Dream of Red Mansions*. Beijing: Foreign Languages Press, 1978.

曹雪芹. 红楼梦. 北京：人民文学出版社，2000.

高旼喜.《红楼梦》的对话翻译. 红楼梦学刊，2011（6）：251-273.

Personalized translation of conversations in *Hong Lou Meng*

Abstract: This paper adopts a pragmatic approach to explore the governing principles specific to the translation of conversations in *Hong Lou Meng*. As held by this paper, the essence of translating conversations in *Hong Lou Meng* is to reproduce in the target language the closest pragmatic equivalent effect on the target language receptor as the source message on the source language receptor, first in terms of utterance meaning, second in terms of the linguistic style of the conversations and third in terms of cultural implication. The linguistic style of the conversations lies in the general linguistic style and the peculiarity of idiolects.

Key words: utterance meaning, *Hong Lou Meng*; personalized translation

（此文发表于《大学英语（学术版）》2015 年第 1 期）

习近平国际演讲亲民话语特征及其英译特色研究*

窦卫霖　温建平

摘　要：国家领导人的国际演讲是具有重要政治意义的官方话语。本文以《习近平谈治国理政》一书中 23 篇国际演讲的中、英文本为研究对象，分析习近平主席的话语特征及其英语翻译特色，并结合国际媒体的相关报道分析这些话语及其翻译的传播效果。研究发现，习近平话语的最大特征之一是其亲民性，集中表现为“善讲故事”“博引经典”“巧借隐喻”和“广用俗语”等方面。这些亲民话语特色在英译本中主要通过直译、化译、回译等翻译方法得到了较好的再现，受到了国际受众的好评，也为中国政治文献的对外传译工作提供了有益启示。

关键词：习近平国际演讲；亲民话语特征；英译特色

1. 引言

党的十八大以来，以习近平同志为核心的党中央带领全党全国各

* 本文为 2015 上海市哲学社会科学项目“基于翻译视角的对外传播研究”（批准号：2015BYY003）和 2015 上海市教委科研创新项目“改革开放以来中国特色话语对外传译效果研究”（批准号：15ZS015）的阶段性成果。

族人民开启了改革开放和现代化建设的新征程。在治国理政的实践中，习近平主席发表了一系列重要论述。《习近平谈治国理政》（以下简称“《治国理政》”）一书收录了习近平在 2012 年 11 月 15 日至 2014 年 6 月 13 日期间的讲话、谈话、演讲、答问、批示、贺信等 79 篇，分为 18 个专题，全面系统回答了新的时代条件下中国发展的重大理论和现实问题，是国际社会了解当代中国的重要窗口、寻找中国问题答案的一把钥匙。《治国理政》由中国国务院新闻办公室会同中共中央文献研究室、中国外文局编辑，2014 年 9 月 28 日由外文出版社以中、英、法、俄、阿、西、葡、德、日等多语种向全球出版发行，一经问世就引起了国内外的强烈反响。截至 2015 年 6 月初，全球发行量突破 450 万册，其中海外发行 40 余万册，覆盖全球 30 多个国家和地区，创下中国国家领导人著作海外发行的最高记录（管永前，2015：54）。国际政要、专家对这本书的发行给予了积极评价。

该书在国际上受到欢迎，当然首先是因为随着中国国力的日益增强，中国官方话语，即国家领导人、官方文献或官方发言人发表的正式观点（窦卫霖，2011：12），受到全世界前所未有的极大关注，同时也与习主席话语风格有关——习近平治国理政话语体现出可读性强的亲民政治话语特征，另外还与该书的成功翻译和有效对外传播密不可分。中国党政文件对外翻译有半个多世纪的历史，中央编译局、外文局、新华社、外交部等部门拥有大量业务能力精湛、实践经验丰富的中外专家翻译队伍，保证了该书英译本的权威性。所以，本文以该书中 23 篇国际演讲的中、英文本为研究对象，分析习主席的亲民话语特征及其英语翻译特色，并结合国际媒体的相关报道分析这些亲民话语及其翻译的传播效果，从而为中国政治文献对外传译工作得出有益启示。

2. 习近平主席亲民话语特征分析

《治国理政》一书内容涉及国内国际的政治、经济、国防、外交、文化、社会等。笔者对23篇在国际场合上的演讲和问答的中、英文本建立了平行语料库，从跨文化和话语分析视角进行了对比研究，发现亲民化语言风格称得上是习主席国际演讲的一大特色，突出地表现在讲故事、引经典、借隐喻和用俗语四个方面。

2.1 善讲故事

习主席是一个讲故事的高手，他善于用故事来讲理，让事实来说话，以事例来说明，这已经成为他在国际场合演讲的一个重要特征和风格。在这23篇国际演讲中，习主席共讲述了11个故事，其主题包括：丝绸之路源头、郑和下西洋、一对中国母子为苏联英雄守陵半个多世纪、俄罗斯儿童应邀来中国接受康复治疗、汶川地震之后中国儿童到俄罗斯疗养、冼星海与阿拉木图音乐家拜卡达莫夫的友谊、坦桑尼亚人民传递北京奥运会火炬、非洲人民无私援助汶川地震灾民、中国电视剧《媳妇的美好时代》在非洲热播等。例如，2013年3月习主席在莫斯科国际关系学院所做的演讲中就讲述了3个故事（占全文篇幅的9.8%），在坦桑尼亚尼雷尔国际会议中心的演讲中，他也讲述了3个故事（占全文篇幅的9.6%）。

这些故事是对大量的生活素材加以提炼，围绕一个中心情节——“故事核”，采用故事化的叙事策略，用比较接近口语的通俗性文字讲述，具有“讲得出，听得进，记得住，传得开”的特点。习主席演讲中的脍炙人口、打动人心的生动故事受到了受访国家的积极评价，引起了受众的强烈共鸣。如新闻编辑安娜表示演讲中的故事让人深有感悟：“我以前并不知道库里申科，但习主席竟然能够在演讲中谈到我们国家的英雄，一下拉近了我们之间的距离，我觉得很亲近。”她还说：“习主席在演讲中讲到别斯兰人质事件，我很意外，也很感动，这在欧洲其他国家或者美国领导人的演讲中从来没有过，说明他重视并尊重俄罗斯人民。”（转引自小河、乔伊，2013）

2.2 博引经典

在国际演讲中博引经典也是习主席最常用的话语策略之一，他善于根据演讲对象和内容广征博引古今中外的优秀文化元素，特别是对于古今中外的格言、警句、古语和诗词等都运用自如，恰到好处，增加了演讲的感染力，这也往往会被人津津乐道，赢得受众的情感认同。他在 23 篇演讲中引用经典多达 40 处，其中引用外国经典 14 处、中国经典 26 处。

引用外国经典是演讲者对当地听众示好、表达文化认可的重要方式，也可以让演讲信息传达更有效，更有易于听众理解，我们也可以把它形象地称作“接地气”。习主席几乎在每个演讲中都巧妙地引用当地人民耳熟能详的谚语，如俄罗斯谚语“大船必能远航”，非洲谚语“河有源泉水才深”，阿拉伯谚语“被行动证明的语言是最有力的语言”，哈萨克斯坦谚语“吹灭别人的灯，会烧掉自己的胡子”，拉美谚语“朋友要老，好酒要陈”，以及中墨两国共同的谚语“有志者事竟成”等，以唤起当地人民的情感认同，在两国之间搭建起一座心理上的桥梁。诸多境内外媒体都对这些谚语青睐有加，在报道中纷纷转引。

引用中国经典是宣传中华文化的重要手段，也是习主席演讲中必用的话语策略之一，特别是一些理解度高的俗语、谚语和广为流传的名言、诗句，在他的讲话中被信手拈来，亲民性极强。如习主席在演讲中不仅引用了中国古代思想家孔子的“己所不欲，勿施于人”和庄子的“水之积也不厚，则其负大舟也无力”等经典，而且使用了许多国人耳熟能详的谚语，如“一年之计在于春”“顺之者昌，逆之者亡”“国之交在于民相亲”“授人以鱼，更要授人以渔”“饮水不忘挖井人”“家和万事兴”“人生乐在相知心”，等等。习主席充分利用国际演讲的机会，对外传播中国 5000 多年历史沉淀下来的“崇尚和平、和睦、和谐”的中华文明和民族精神，引用古人“国虽大，好战必亡”的箴言，强调“以和为贵”“和而不同”“化干戈为玉帛”“国泰民安”“睦邻友邦”“天下太平”“天下大同”等理念世代相传。笔者发现，国内媒体对于这类引经据典表现出了很高的热情。

2.3 巧借隐喻

习主席在 23 篇国际演讲中借用隐喻 54 个，用这些形象化的比喻妙说和修饰手段来诉诸感情，增加吸引力、感染力和感召力。他把中非人民对中非关系的开拓比喻为“逢山开路、遇水架桥”，把非洲比喻为“希望的大陆”“发展的热土”，把非洲人民对中国人民的情谊比喻为“热情似火”，“就像非洲的阳光那样温暖热烈，让人难以忘怀”。“中国需要和平，就像人需要空气一样，就像万物生长需要阳光一样。”在讲述政治冲突、热点问题不断时，他生动地说道“按下葫芦起了瓢”；在阐述“一个国家的发展道路合不合适，只有这个国家的人民最有发言权”时，引用了一句谚语“鞋子合不合适，只有脚知道”，妙趣横生的语言让演讲生动形象起来。

从外媒报道中我们可以看出，通俗的带有生活气息的比喻很能引起听众的兴趣，其中尤以“鞋子理论”为甚。巴西资深记者和中国问题专家卡洛斯·塔瓦雷斯对“鞋子理论”的表述非常赞赏：这一用语新奇大方，包含朴素的哲学思想又寓意丰富。

2.4 广用俗语

所谓俗语，是汉语语汇里为群众所创造，并在群众口语中流传，具有口语性和通俗性的语言单位，是通俗并广泛流行的定型的语句。俗语简练而形象化，大多数是劳动人民创造出来的，具有很强的感染力。习主席使用了一些简单质朴、清晰易懂、有浓郁生活气息的口头语言，使国外受众听得懂、记得住。比如习主席在莫斯科国际关系学院演讲中说，“要跟上时代前进步伐，就不能身体已进入 21 世纪，而脑袋还停留在过去”“中俄国情不同……取长补短可以起到一加一大于二的效果”；对坦桑尼亚尼听众说，“我们双方谈得来，觉得相互平等”“真朋友最可贵”“中方真诚祝愿并坚定支持非洲在联合自强的道路上步子迈得更大一些”“我相信，机遇总比挑战大，办法总比困难多”。习主席在联合国教科文总部的演讲《文明因交流而多彩，文明因互鉴而丰富》中表示，我们只要秉持包容精神就不存在什么文明冲突，就可以实现文明和谐，“这就是中国人常说的：‘萝卜青菜，各有所爱’”。习主席在谈到我国周边外交时，敞开心扉、坦诚相对，语气平和，要求“讲平等，重感情；常见面，多走动；多做得人心、暖人心的事，使周边国家对我们更友善、更亲近、更认同、更支持，增强亲和力、感召力、影响力”。

习主席国际演讲中运用的这些俗语也取得了很好的传播效果。正如埃及前驻华大使马哈茂德·阿拉姆所说：“习近平是在用一种最朴实的方式宣示中国的外交理念，显示出中国新领导人丰富的智慧。演讲非常朴实，没有追求华丽的句式，这表明中国新一代领导人务实和脚踏实地的作风，拉近了中国与世界的距离。”（李新烽，2013：52）

由此可见，习主席的国际演讲成功地运用了讲故事、引经典、借隐喻和用俗语等多种话语策略。这些从百姓视角出发、很接地气的亲民话语一扫人们反感的大话、套话、空话和“官话”，与大众话语体系很对接、很吻合，容易引起受众的心理共鸣和认同。

3. 习近平主席亲民话语的英译

从本质上讲，翻译意味着语言形式的变化，要把一种文化支撑下的语言形式转换成另一种文化支撑下的语言形式，同时要保持其内容不变。虽然英汉两种语言及其文化之间有很大差异，直译法的使用往往会有很大局限性，但是英汉两种语言存在着诸多共性，为直译提供了客观的物质基础。直译有利于拓展文化视野，向目标语读者传递原文的文化信息，使目标语读者更好地了解源语的文化特色。上述亲民话语特色中，讲述故事旨在增强语言感染力，加深两国人民之间的理解和友谊；引用外国经典易于拉近与对象国民众的距离，产生共鸣和认同感；借用隐喻、使用本国经典有利于传播中国文化，加深别国人民对我国文化的了解和理解；广用俗语更贴近百姓，平易近人，容易产生亲切感。

有鉴于此，译者所采取的翻译方法也自然应该体现上述话语特色的目的和功能。我们对习主席在 23 篇国际演讲中上述话语特色进行了统计，共讲述故事 11 个，引用经典 40 个，借用隐喻 54 个，使用俗语 15 处，共计 120 个。笔者对原文和译文进行对比研究后发现，译者选用翻译方法时充分考虑到话语目的。通过对中英文平行语料的仔细研读分析，笔者认为译文主要采用了直译、化译和回译三种方法来再现上述特色（详见表 1）。故事的翻译主要使用了化译法，重在再现其情节性和感染力；对象国经典的翻译主要使用回译法，希望以此增加对象国民众对话语的熟悉度和亲近感；译者主要使用了直译法来翻译中国经典和俗语，以突出中国文化内涵，凸显语言的平易性和大众化。下文笔者将结合实例进行分析。

表 1　话语特色及其翻译方法汇总

话语特色	翻译方法			总计
	直译	化译	回译	
讲故事		11		11
借隐喻	52	2		54
引经典-外国经典			14	14
引经典-中国经典	26			26
用俗语	13	2		15
总计	91	15	14	120

3.1 直译

在习主席国际演讲的译文中，我们发现直译成为再现语言特色和风格的重要手段。如表 1 所示，译者在翻译时共使用直译法多达 91 次，特别是在翻译隐喻、中国经典和俗语时更倾向于使用直译法，占话语特色总量的 75.8%。在使用化译法翻译故事时，译者也会辅之以直译法。

例 1：早春 3 月，意味着一个新的万物复苏季节的到来，意味着一个新的播种的时刻的到来。常言道，一年之计在于春。中俄双方把握这美好的早春时节，为两国关系和世界和平与发展辛勤耕耘，必将收获新的成果，造福两国人民和各国人民。

译文：The month of March marks the return of spring, a season of sowing and great renewal. As a popular Chinese saying goes, "he who hopes for a good year starts planning in spring." China and Russia, having taken advantage of this season to plough and hoe not only for our relations but also for peace and development in the world, will surely reap a bumper harvest to the benefit of our two peoples and those of other countries.

在本例中，习主席引用了中国经典谚语"一年之计在于春"，意在强调中俄友好关系的重要意义以及此次访问在时间上的关键性。译者将其直译为"he who hopes for a good year starts planning in spring"，因为对中国和俄罗斯两国人民而言，春天都是一年的开始，都是万物复苏的季节。而且原文中这句谚语之前和之后的信息分别对春季做了铺垫和补充，为对象国民众理解这句经典提供了便利。

例 2：人类社会发展的历史证明，无论会遇到什么样的曲折，历史都总是按照自己的规律向前发展，没有任何力量能够阻挡历史前进的车轮。

译文：Yet as shown by humanity's progress, history always moves forward according to its own laws despite twists and turns, and no force can hold back its rolling wheels.

在本例中，习主席使用了隐喻，将历史发展的进程比喻为"车轮"，该意象为英汉两种语言所共有，对车轮的前行无法阻挡的认知也是两种语言的共同点。因此，译者采用了直译法，使用 wheels 这一形象。同时为了更加准确，前面还将原文中隐含的车轮"滚动"之意也一并译出，译为"rolling wheels"，更加形象准确，也便于译语读者理解。

例 3：鞋子合不合脚，自己穿了才知道。

译文：Only the wearer of the shoes knows if they fit or not.

本例既是引用中国经典，也是习主席使用的通俗易懂的俗语，虽然语言简单朴素，但是蕴含丰富，包含着深刻的哲学思想。译者采用了直译法来表现原文中穿鞋者与鞋子的关系，因为不论对象国语言中是否有类似的表述，对象国读者都能从自身的体验中感受到这句话所蕴含的道理，并推理出一个国家的制度是否合理关键在于其是否适应该国历史和国情。事实上这样的译文也有助于对习主席“鞋子理论”进行再传播。

从外媒报道中我们可以看出，通俗易懂、带有生活气息的隐喻往往能引起听众的兴趣。因此，在翻译隐喻时，在不产生交际障碍的前提下，可以优先采用移植喻体的直译法。“萝卜青菜，各有所爱”译为“Radish or cabbage, each to his own delight”；“饮水不忘挖井人”译为“When we drink water from the well, we should not forget those who dug it”；“人生乐在相知心”译为“The pleasure of life lies in having bosom friends”，等等，不一而足。这样，不但可以保留原文的信度和效度，也易于受众理解和感悟。

3.2 化译

钱锺书曾经用“化”境来描述翻译的最高境界，他在《林纾的翻译》一文中写道：“把作品从一国文字转变成另一国文字，既不因语文习惯的差异而露出生硬牵强的痕迹，又能完全保存原作的风味，就算入于‘化境’。17 世纪有人赞美这种造诣的翻译，比为原作的‘投胎转世’，躯壳换了一个，而精神姿致依然故我。换句话说，译本对原作应该忠实得以至于读起来不像译本。”（钱锺书，1984：267）“化境”是语言转换和“风味”传递的统一，一方面要使译文的语言文字流畅通顺，“读起来不像译本”，另一方面要保留原文的“精神姿致”，使译文不失真、不走样。

如上所述，习主席善讲故事，虽然篇幅不长，但有很强的感染力，能以情动人，且真实可信。要在极为有限的篇幅内用译文打动听众，对译者来说是很大的挑战。如表 1 所示，译者在亲民话语的翻译中共使用了 15 次化译法，其中 11 次是用在故事的翻译中。

例 4：中国汶川特大地震发生后，非洲国家纷纷伸出援手，有的国家自己也不富裕、人口不到 200 万，向地震灾区慷慨捐出 200 万欧元，相当于人均 1 欧元，这份情谊让中国人民备感温暖。

译文：In the wake of the devastating earthquake in Wenchuan, African countries rushed to China's assistance. An African country, with a population of fewer than two million and not well-off itself, made a generous donation of two million Euros to the quake area—about one Euro per person! This outpouring of compassion has warmed our hearts.

原文是习主席在坦桑尼亚尼雷尔国际会议中心的演讲中讲述的一个故事，故事情节虽然简单，但讲述的是百姓身边的事，故事中的人物、场景、情节均来源于生活，具有鲜活的生活气息和强烈的平民意识，更容易让受众产生共鸣和感动。本故事中饱含着坦桑尼亚人民对中国人民的深情厚谊。译文选用了一些具有感情色彩的词汇来传递其中蕴含的情感，用“devastating”凸显了灾难的毁灭性，用“rush”来表达非洲国家获悉中国汶川地震后的急切心情，用“generous”来展示对非洲人民来说“一欧元”之不易，用“—about one Euro per person!”这一解释性短语来强化非洲人民捐赠的相对数量之大，用感叹号来加强语气。从结构上，使用介词短语“with a population of fewer than two million and not well-off itself”作为描述性语言，强化了坦桑尼亚这一非洲国家人口之少与生活不富裕的现实反差，与后面的慷慨捐赠形成了对比。译者巧妙发挥了英语的语言特点和语言优势，将原文蕴含的“情”融化在整个故事之中，再现了坦桑尼亚人民对中国人民的深情厚谊。

习主席讲述的故事使用了一些有汉语特色的表述方法，如果直译成英文，则可能会引起误解，如下例。

例 5：要跟上时代前进步伐，就不能身体已进入 21 世纪，而脑袋还停留在冷战思维、零和博弈的旧时代。

译文：Keeping up with the times, one cannot live in the 21st century while thinking in the old fashion, lingering in the age of colonial expansion or with the zero-sum mentality of the Cold War.

在本例中，习主席使用了“脑袋”来喻指思想与理念，用“身体已进入 21 世纪”和“脑袋还停留在……旧时代”来比喻人的思想和理念跟不上时代发展的步伐。如果直接用“body”和“head”来对应“身体”和“脑袋”的话，可能会引起“身首异处”的联想，可能会引起受众的误解，因此不宜采用直译法。此时译者即需准确把握表述法的深层次含义，并根据其意义和译入语表达习惯进行翻译。译文巧妙地回避了字面对应，从深层次挖掘语言字里行间的意义并通过地道的译入语语言形式予以再现，虚化实意，将其译为“thinking”和“live”，回避了身体与脑袋的问题，同时也不会让受众感到无所适从。

可见，在无法采用直译法时，译者往往采用化译法，将原文中的信息融汇于心，并融化在词汇、语法结构和句式安排等要素之中，将信息内容和言外之意予以准确再现，实现话语内涵的有效传播。

3.3 回译

回译是指将从一种语言翻译或转借的语言表述再重新翻译成其源语表述的一种翻译方法。贺显斌（2002：47）区分了三种功能不同的回译：用作一种翻译策略、用于译文检验和翻译教学以及用作语言研究和翻译研究的辅助工具。本文所说的回译即将从外语文化中借用过来的文化成分原原本本地归还到外语文化中的“完璧归赵”式的还原过程。就汉英翻译而言，“回译就是文化还原，即将某些英语文化语汇的汉语译名还原成其原来的英语形式”（贺显斌，2002：47）。

随着不同文化之间交流的日渐增多，某一语言中的词汇或语言表述往往会通过各种翻译方法被引入另外一种语言之中，有时又需要将已经翻译或转借的译文（有时甚至在译文中已经形成了被广泛接受的词汇或表达法）再重新译回到源语中。著名翻译家思果（2000：119）认为回译是一件难事，他说："本来是外文，不管多难，都可以译成中文；独有原来是中文的外文译文，任何高手也译不出来；意思可以译对，却不是原文。"也正因为此，回译经常被作为翻译教学的一种策略，"回译对译文的检验功效是其他方法无法企及的"（冯庆华、李美，2001：436）。

如上所述，习主席在国际演讲中使用一些从其他国家引进的表述方法，体现我国对出访国人民的尊重、对国家领导人的友好态度，或突出演讲内容的客观性，往往会引起受众的高度情感认同，也便于受众准确理解和把握原文的内涵，为两国关系的发展奠定良好的基础。因此，引用的外国经典应该尽可能回归原文。当然，译语可能并非英语，而《治国理政》的译文却是英语，外国经典被习主席引用是因为这些经典已经翻译成汉语或经由英语译成了汉语，现在需要再次经过翻译再转换成译语，这中间在语言结构或词汇使用上可能会有些差异。但是，如果可能，译者还是需要考证源语中经典的表述方式，在回译时尽可能采用原来的表述，以实现"完璧归赵"，引起译语听众的认同和共鸣。如表 1 所示，译者使用的 14 次回译法都出现在外国经典的翻译中。

例 6：莱布尼茨说，唯有相互交流我们各自的才能，才能共同点燃我们的智慧之灯。

译文：As Gottfried Wilhelm Leibniz once observed, only the sharing of our talents will light the lamp of wisdom.

2014 年 3 月 28 日，习近平应德国科尔伯基金会邀请，在柏林发表重要演讲，阐述中国和平发展道路和独立自主的和平外交政策，强调中国走和平发展道路是对中华民族热爱和平的文化传统的继承和发扬，其间便引用了深受德国人喜爱的哲学家、数学家弗里德·威廉·莱布尼茨（1646—1716）关于文化交流的经典名言。莱布尼茨出生于神圣罗马帝国莱比锡，是德国的骄傲，是欧洲理性主义哲学的高峰之一。他还接触过中国文化，其发明的二进制与中国阴阳八卦渊源颇深。习主席引用这一经典名言体现了我国对德国文化和人民的尊重、友好态度，对这句话进行回译也为中国外交政策获得支持和认可做了良好的铺垫。

例 7：拿破仑曾经说过，世上有两种力量：利剑和思想；从长而论，利剑总是败在思想手下。

译文：Napoleon Bonaparte once said, “There are only two forces in the world, the sword and the spirit. In the long run the sword will always be conquered by the spirit.”

例 7 是习主席 2014 年 3 月 27 日在巴黎联合国教科文组织机构总部演讲中引用的法国名人经典。此处的译文是英语，之前是从法语直接翻译成汉语或经由英语翻译成汉语的。此处的译文与笔者在网上查到的译文句子结构完全相同，只是选词略有差异，即用“power”“mind”“beat”分别代替了“force”“spirit”“conquer”。网上译文如下：

“There are but two powers in the world, the sword and the mind. In the long run the sword is always beaten by the mind.”—Napoleon Bonaparte

（引自：http: //www.military-quotes.com/Napoleon.htm）

例 8：哈萨克斯坦谚语说的那样：“吹灭别人的灯，会烧掉自己的胡子。”

译文：As a Kazakh proverb aptly puts it, “one who tries to blow out another’s oil lamp will get his beard singed.”

2014 年 5 月 21 日，习主席在亚洲相互协作与信任措施会议第四次峰会上的讲话中引用哈萨克斯坦谚语，来突出中国政府公正客观的立场：安全应该是普遍的，不能一个国家安全而其他国家不安全，一部分国家安全而另一部分国家不安全，更不能牺牲别国安全谋求自身所谓“绝对安全”。此经典的英译不在于其形式的回归，而是重在突出谚语本身内涵的回归，以求获得参加会议国家的多方认同。

4. 结语

习主席国际演讲通过讲故事、引经典、借隐喻和用俗语等具体话语策略展现了国家领导人亲民友善的风范，这些亲民话语特征在《治国理政》英译本中通过多种翻译方法得到了较好的再现。直译是习近平主席话语特色再现的主要手段，对传播中国文化起到了重要作用；化译有利于再现源语的特殊情感和语言内涵；回译成为外国经典的“回声”，有利于展现公正客观的立场和拉近与受众的距离。上述方法的巧妙使用为《治国理政》英译本赢得了国际媒体的好评，也为中国政治文献翻译传播工作提供了有益启示。

参考文献

窦卫霖. 官方话语的比较研究. 上海：上海外语教育出版社，2011.

管永前.《习近平谈治国理政》海外传播效果初探. 对外传播，2015（9）：54-56.

李新烽. 中非友谊的基石：真、实、亲、诚. 求是，2013（9）：52-53.

小河、乔伊. 外媒热议习近平出访. 青年参考，2013-03-27（28）.

钱锺书. 林纾的翻译. 中国翻译工作者协会、《翻译通讯》编辑部.

翻译研究论文集(1949—1983). 北京:外语教学与研究出版社,1984.

贺显斌. 回译的类型、特点与运用方法. 中国科技翻译,2002(4): 45-47, 54.

思果. 翻译研究. 北京:中国对外翻译出版公司,2000.

冯庆华、李美. 文体翻译论. 上海:上海外语教育出版社,2001.

A study on translation approaches to the people-first features of Chairman Xi Jinping's international speeches

Abstract: A national leader's intercultural speech is an important kind of governmental discourse with great political significance. This study is an analysis of the discourse strategies adopted by Chairman Xi Jinping in his international speeches and their English translation approaches in the book *Xi Jinping: the Governor*. The analysis also incorporates comments on Xi's speeches reported in the international media to determine the effect of communication. It is found that Xi has successfully used the people-first strategies such as "touching stories", "ingenious quotation", "vivid metaphors" and "common sayings", which are highly appreciated by the target audience. These discourse features are well represented in the English version of the book through literal translation, transmigration and back translation. Enlightenment can be drawn from both the discourse strategies and their translation for more effective international communication of Chinese political discourse in the future.

Key words: Xi Jinping's international speeches, people-first discourse features, English translation approaches

（此文发表于《外语教学理论与实践》2015 年第 4 期）

关于“可译/不可译”的形而上与形而下思考*

高宁

摘　要：笔者通过《静夜思》的外译，分别从形而上与形而下视角对“可译/不可译”展开讨论，认为可译/不可译主要取决于可说/不可说。在形而上层面，可译性是第一位的；在形而下层面，可译与不可译处在互以对方为生存条件的关系之中。可译之度不仅是不可译，同时也是可译的问题。

关键词：可译/不可译；形而上；形而下；翻译研究

1

据罗新璋、陈应年先生统计，国内刊物首发有关“可译/不可译”的专题论文为《俄文教学》1954 年第 9 期上的《可译性问题的说明及确切翻译的原则》，作者为苏联的费道罗夫（罗新璋等，2009：1135）。中国期刊全文数据库收录的最早相关论文为《外语研究》1980 年第 1 期刘煜的《关于翻译的理解问题》。在此数据库中，以“主题”的方式输入“可译”与“不可译”进行检索，相关论文分别为 1597

* 本文系国家社科项目“汉日对比与翻译研究”（项目号：14BYY154）的阶段性成果。

和870篇。这说明国内学界对此问题十分关注。然而，从日语训读这一特殊的翻译形式去讨论这个话题的论文一篇也没有。为此，笔者从前期研究里接过一个引起争论的译例——《静夜思》及其英译，从形而上与形而下视角展开进一步的讨论。

静夜思	**Thoughts on a Silent Night**
床前明月光	Before my bed is a pool of light;
疑是地上霜	Can it be frost upon the ground?
举头望明月	Eyes raised, I see the moon so bright;
低头思故乡	Head bent, in homesickness I' m drowned.

（王宾，2001：12）

首先要说明的是，原文作者是从现代语言学角度，站在讨论先验的立场论述“不可译性”的，与本文视角有别，这里拿来一用。作者论证了《静夜思》的5种关系组合，即“静夜（形）+思（名）”“静夜（副）+思（动）”“静思+夜思”“静（形）+夜思（名）”“静（名）+夜（名）+思（名）”，指出“五种水平的组合关系及其生成的含义（sence），在英语中必须由五个分立的句段来表达。在翻译过程中，取其中一个可能的‘断句’，就是对其他四个的否定，同时也被后者否定。……另一方面，在包含了五种可能的‘静夜思’句段中，形/副/名词的自由转换和彼此间关系的重组，实际上使得事物的状态（名）、性质（形）和活动方式（副）处于互动互换的过程中。……每一个意象既‘在场’又‘不在场’，或曰‘有无相生’，‘阴中有阳，阳中有阴’。这种审美和哲理的效果，能通过翻译再现吗？”接着，作者论证了“主/客关系的不可译性”，即人称代词的有无及其翻译问题。对中国人来说，“在阅读的当下把握中，不会有‘谁在思’或‘谁思乡’之类的问题出现，读者之‘我’也就无须登场。……翻译，就是改变原文中的主/客关系”。之后，作者又探讨了“时间意识的不可译性”，指出“在阅读《静夜思》时，不仅‘谁在思？’而且‘何时在思’的问题也不会进入思维和审美过程。在汉语结构中生成的时间意识，已将‘过去’和‘将来’凝缩在此刻当下的阅读活动之中”。最后，作者讨论了“‘思’的心/脑关系不可译”，“汉语‘思’在其所属的聚合段内，或强或弱地将英文的 think/thought 和 feel/feeling 凝缩为一个词（语素）。……将《静夜思》译成任何一种欧洲语言时，我们无法避开汉语‘思’的形态学特征带来的问题”。结论是“《静夜思》个案分析表明聚合关系转换的不可能性从而论证了不可译性”。（王宾，2001：13-15）①

然而，具有思辨意义的是，就《静夜思》训读式日译而言，上述几大问题皆不复存在。

静夜思
牀前看月光
疑是地上霜
舉頭望山月
低頭思故鄉

訓読：

静夜思（せいやし）

牀前（しょうぜん）　月光（げっこう）を看（み）る

疑（うたが）うらくは是（こ）れ地上（ちじょう）の霜（しも）かと

頭（こうべ）を挙（あ）げて山月（さんげつ）を望（のぞ）み

頭（こうべ）を低（た）れて故郷（こきょう）を思（おも）う

（前野直彬，2000：350-351）②

① 从译学研究的角度看，“不同语言之间聚合关系转换的可能性/不可能性决定了可译性/不可译性”（王宾，2001：8）的观点或许开辟了“不可译性”讨论的新疆场，需做进一步探讨与论证。

② 另一个版本为：夜思/牀前明月光/疑是地上霜/舉頭望明月/低頭思故鄉；夜思/牀前月光明らかなり/疑うらくは是れ地上の霜かと/頭を挙げて明月を望み/頭を低れて故郷を思う（目加田誠，1975：3-14）。因篇幅关系，引用版式有变。与前引相比，原诗有三处不同，即“静夜思”与“夜思”、“看月光”与“明月光”、“望山月”与“望明月”。但这属于版本学问题，已有学者考证（纪太平，2001：33-35），因不影响后文的讨论，这里不再赘言。另，“训读”是一种按照日语语法读译古汉语的方式，也叫训译。

首先，题目“静夜思”照搬进日语，其五种组合关系依然存在，“每一个意象既‘在场’又‘不在场’”，任凭读者解读。其次，训读不仅维持了“主/客关系的不可译性”，没有像英语那样添加任何人称代词，同时也维持了“时间意识的不可译性”，没有使用动词的过去时或进行时。而“‘思’的心/脑关系不可译”性在日译里也被颠覆，一个「思う」化解了英译时的苦恼。要言之，英译时不可能做到的并引发学者讨论“不可译性”的四个方面，日译时却兵不血刃地化于无形①。此外，日译的后两句甚至再现了原诗的对仗特点。由此看来，把作者所谓《静夜思》译为欧洲语言时的“不可译性”放至整个译界，并不具有普遍性或普遍意义，关于“不可译性”的讨论，尚需从形而上的层面进一步展开。

2

因此，首先需要从本体论角度回答“翻译是什么”的问题。而回答也必须脱离形而下的翻译实践、脱离具体语种。换言之，从翻译教程、各类辞书引用的定义往往与哲学本体论无关②。从形而上的角度看，要回答“翻译是什么”，必须先回答“语言是什么”。因为语言是翻译活动赖以生存的前提。相对于语言，翻译是次生的。但是，要回答“语言是什么”，又必须先思考语言产生的基础——人类赖以生存的这个世界，即思考语言与世界的关系。

日本学者通过对维特根斯坦的研究，把现实世界表述为，或曰翻译为“分节化的世界”。“譬如一只白狗在跑这个事实，我们会认为是由表示性质的‘白’、表示对象的‘那一只狗’和表示动作的‘跑’几个部分组成的。……从‘桌上有一台电脑’这个事实出发，把它们分节为‘那个桌子’和‘那台电脑’两个对象以及‘什么地方有什么’这

① 当然，这并不意味着日语训读优于英译。关于训读的问题，请参见第5节。

② 譬如，“‘翻译’的一般定义为‘把一种语言文字的意义用另一种语言文字表达’”（方梦之，2011：7）的说法并不具有本体论的意义。

一层关系，并视它们为构成事实的元素。”（野矢茂樹，2011：12-13）[①]简言之，世界就是如此这般分节为对象与概念两大部分。同时，作为语言，也必须是分节的。混沌一团的符号无法看懂，也表达不了世界。笔者能够读懂日文，是因为具备了对连写不空格的日语进行分节和阅读的能力[②]。同时，作为翻译研究者，也深知某些误译的原因正在于译者未能对日语原文进行合理的分节。

总而言之，有了分节化的世界，有了分节化的对象与概念，有了分节化的语言，语言表达才有了可能。而语言之所以能够成为语言，重要的在于使用。使用产生意义。而语言的使用正依赖于自身的群生性特点。只有当事者本人才能知晓的语言是难以证明自身存在的，所以，“我们可以将其他任何人都不懂而我‘似乎懂’的声音称为一种‘私人语言’”（维特根斯坦，1996：142），而不予承认。要言之，语言的意义不仅在于使用，更在于与人的交流。“杜威强调，语言是一种关系，至少要有两个人参与”，所谓“独白则是与他人会话的产物和反映。”（陈嘉映，2006：185）

综上所述，正因为世界是分节化的，所以才有了指称的可能，才有了命名的可能，才有了判断的可能，也才有了言说的可能。另一方面，语言的本质是群生性的，语言的意义在于使用，所以，人与人的交流才成为语言存在的基石与平台。同时，也正因为有了语言的使用，有了语言的交流，也才有了语言的翻译，翻译也才能有所附丽。雅各布森把翻译分为“语内翻译”“语际翻译”和“符际翻译”（杰米里・芒迪，2010：10），正是看清了语言与翻译间的本质关系。因此，由语言自反性而产生的同一语言内的重述也才有可能被视为翻译的一种。而“符际翻译”，比如密电码，不过是“语内翻译”“语际翻译”的变形而已。说到底，还是要归结到它本质上是一种语言。

由此，第一个结论便是：没有分节化的世界，就没有言说，没有言说，则没有翻译；分节化的世界是言说的基础，言说则为翻译之母。语言的群生性则是人与人交流的基础，翻译也由此应运而生。当然，

---

① 本文中未注明译者的译文皆为笔者所译。

② 口语也同样如此。对人而言，无法分节的语言或不是语言，或是听不懂的语言。

我们也不可忘记，这个“用语言的方式进行分节化的世界不过是漂浮在非语言体验之海的一座小岛，……那里还伴有各种各样无法彻底语言化的意象”（野矢茂樹，2011：347-348）。

回到《静夜思》，它一旦从李白笔下流出，就已经不可能隔绝于世。“语内翻译”已经开始，不同的读者心中会有不同的译文。同时，“符际翻译”（譬如作画、舞蹈）也成为一种可能。如此，我们还能说《静夜思》具有不可译性吗？从形而上的角度看，李白既然能够说得出来，为什么“语际翻译”就不可能呢？说是译之本。追本溯源，这正是翻译得以实现的内在动力与要求。简言之，凡是可思考的、可表述的、有意义的文字或话语，皆是可译的。反之，就如维特根斯坦所言，“对于不可言说的东西，人们必须以沉默待之”（维特根斯坦，2013：121）。换句话说，凡不可知的、不可言说的、“必须以沉默待之”的，自然不存在可译性。一旦说了，哪怕没有说清、没有说透，也有翻译的可能性，如老子的“道”、庄子的“无为”。再如，“当我从一个暗箱里拿出一个苹果时说‘这是一个红苹果’，……假设你要我解释什么样的苹果才算是红苹果，再假设你从来没有见过红色的东西也从来没有见过苹果，那么我用再多的语言来解释恐怕也无法告诉你红苹果是一个什么样子”（梁瑞清，2006：20-21）时，这种因“现象意义”导致的不可说，却未必一定导致不可译。译者只需把已经说出的话——“这是一个红苹果”译出来即可（必要时可以附上照片或实物辅助翻译），至于它的意思，应交由读者去捕捉。换一个角度说，哪怕译者吃透了这句话的各种语义，不进行阐释式翻译也是一种应有的选择。其实，在日常翻译活动中，也会遇到另一种情况，即译者虽然翻译了某句话，自己却不甚明白，但是，他的读者（或服务对象）却完整无误地领会了其中的含义①。要言之，在形而上层面，可说/不可说制约着可译/不可译；在形而下层面，前者对后者的“管控”则有所松动。在哲学界，有些学者喜欢采用原始翻译的形式讨论“可译/不可译”问题，譬如奎因所举的“gavagai”，野矢茂树所举的「根

① 这意味着“可译”与“可理解”并不完全在一个层次上，需要做更深入的研究。

元的翻訳」的例子等（野矢茂樹，2011：55）。一方面，“其出发点是译者对原文语言一无所知”（王宾，2001：10）[①]，与实际翻译工作相距甚远，缺乏普遍意义。可以说世界上绝大多数翻译都是在已知语言之间进行的，所谓原始翻译即便存在，也与常态翻译不可同日而语。另一方面，对原始翻译的讨论也并不能从形而上层面证明不可译的哲学意义，这些例子能够说明的，实际上还是可译/不可译的度的问题[②]，本质上属于形而下层面。

3

简言之，《静夜思》不仅可译，实际上也有多种译文问世[③]。这本身就是对“不可译”观点的否定。其实，很多主张诗歌不可译的学者，心中在意的是诗歌的形式特征及其审美意义在翻译过程中的流失和变形。《中国译学大辞典》“不可译性”词条释义为：“与‘可译性’相对，指译文不可能准确、完整地再现原文。不可译性包括两个方面的情况：1. 原作利用语言形式上的特异性来传情达意，如有节奏的语音（诗歌中的音律）、文字的特殊排列（回文及文字游戏）之类；2. 不同语言、民族之间文化空缺或不可替代性”（方梦之，2011：1）[④]。笔者以为，这“两个方面”皆可归之于形而下层面。在王宾先生那里，他所否定的实际上也是《静夜思》英译时的形而下因素。学者孙周兴认为：“海德格尔自己就经常有‘不可译’的感叹。……但以我的理解，海德格尔这种意思，主要是强调译事之‘难’，跨语言文化沟通之‘难’，而不是强调译事之‘不能’，或者沟通之‘不能’。……作为海德格尔著作的中文译者之一，我当然时常感觉到译事的难度和限

① 因体例关系，去掉了原文里的着重号。

②“在晚年的著作中，奎因承认，‘gavagai’的例子并不适于说明‘强意义上的’翻译的不确定性，即意义的不确定性。”（单继刚，2007：81）

③ 冯庆华在《实用翻译教程（英汉互译）》里收集了 9 个中外译文。赵甄陶在《李白〈静夜思〉英译赏析》里也举出 9 个译文。

④ 有研究生以“语言的不可译性与文化的不可译性比较”为题撰写论文（田庆芳，《上海翻译》，2007 年第 2 期）。

度，‘不可译’的感慨也是常有的事。但我以为，‘不可译’是在译了之后才说的。”（孙周兴，2013：13）简言之，这些学者实际上都把不可译的问题放到了形而下的层面。如果由此来看日语训读，同样存在着不可译因素。

譬如，《静夜思》五言绝句的诗体、平仄、押韵等特点不同程度地流失在日译之中。所以，日本汉学家感叹道，“中国古诗的格律，日语翻译实在难以表现。如想忠实于原诗的韵律，失大于得。汉诗翻译，比起形式，应更重于内容”（武部利男，1982：189）。众所周知，在我国英汉翻译界，关于译诗的争论从未停息。有时以可译/不可译的争论，有时以翻译标准的探讨，有时则以译艺、译技的切磋等形式出现，大部分场合，还是以形而下的讨论为主，有时则以形而上的方式来掩饰形而下的内容。事实上，大部分场合，争论的焦点并非形而上层面的可译/不可译问题，而是可译的程度或方法问题。争论热点之一，为译诗是否需要追求“音美”。从形而下的角度看，讨论的前提应该是英诗本身有没有音美的传统。有学者告诉我们不仅有，而且相当复杂（侯维瑞，1986：1-11）。此外，这种音美传统在英语国度是否发生变化，是否仍具有普遍性，也需要客观的考证与研究①。争论热点之二，为应该把汉诗译成格律诗，还是译成现代诗。同理，必须先期解决的问题是，西方格律诗与现代诗在“音美”方面有哪一些异同；当代西方汉学家翻译汉诗时以哪一种诗体为主；西方现代诗又是如何汉译的，也值得我们去关注②。

事实上，在形而下层面讨论诗歌的不可译，还存在着另一个视角，即与它对应的可译。由此考察翻译，尤其是诗歌翻译，则不难发现，所谓可译，往往指翻译结果，或指翻译行为的可操作性高。然而，这并不意味着可译的对象从里到外一切皆透明可见。有不少可译，细究

① 譬如“英语能接受法语的暗示采用押韵，然而在节奏的安排上并不真正需要它。所以押韵的用处一直是远比不上音势，有点像装饰品，时常可以不用”（爱德华·萨丕尔，1985：205）的说法是否具有普遍意义，就需要英语学者去考察、研究并判断。

② 虽然不少研究者和翻译家都提倡汉诗需英译成西方现代诗，然而却少有人去汉译或能汉译好西方现代诗。“就译诗而论，……即传统形式的短诗译得好，而口语体的以所谓‘现代敏感’写成的诗则较差，而且情况更加严重，因为二十世纪中期的美国诗主要是这类诗。”（王佐良，1990：51）。

起来，往往包含了不可译因素。但是却又不能据此否定其总体上的可译性。简言之，可译之中包含着不可译也是一种常态。以《静夜思》为例，两个日译里存在着相似的问题。譬如，“牀”究竟指称何物，国内学界理解并不一致，日本学界亦然。查阅《辞源》（修订本），有四个解释：“坐卧之具”“安放器物的架子”“井上围栏”和“底部”。《辞海》（第六版）的解释为：“供人睡卧的用具。……古时亦指坐榻。如：胡床。……安置器物的架子。……井上围栏。……量词。……”在国内有学者认为《静夜思》中的“牀”是指“绳床”（高宁，2005：123），也有“人认为原诗的‘牀’一定是胡床，至少也是坐卧两用之床”（赵甄陶，1986：16）。在日本《大辞林》里其作为名词有两个意思：一是「ねどこ」（汉字可以分别写作「寝床」「寝所」，前者指睡铺，后者为寝室）；二是「ゆか（地板之意）」。也有日本汉学家认为其是「寝台」，即现代概念上的“床”（目加田誠，1975：15）。再如“疑是地上霜”的“地上”，虽皆译为「地上」，但在理解上，既有笼统解释为“地上”（前野直彬，2000：351）的，也有看作“院子”（目加田誠，1975：3-15）的，甚至有学者把它视为床前的「土間」（未铺地板的土地）（松尾善弘，1993：92）。其实，《静夜思》里的一词多解无非说明原本似乎不存在争议的可译之处实际上包含了指称不统一等问题。所以，严格地说，不解决这些问题，就无法准确理解，当然也就无法准确翻译。退一步说，即便“床”在原诗里指有4条腿的卧具，但是，细究下去，究竟是高脚床还是低脚床，是木床还是竹床，是单人床还是双人床，是有靠背还是无靠背，有帷幔还是无帷幔，有脚踏还是无脚踏，也都不得而知。每个读者会根据自己的人生经历去设想，不可强求，也不必强求。总之，一个“牀”字，不把它彻底验明正身，就会含有不可译的因素。但是，事实上，人们从来也没有因为这一点，就停止对《静夜思》的理解和翻译，这些不可译因素并不能阻止诗歌本身的翻译。

其实，这个例子业已说明在形而下层面，有些事物概念小有差异，却不一定会妨碍翻译。类似的情况并不少见。譬如“年夜饭”在我国南北就有很大的差别，北方主食多吃水饺，南方则以米饭为主。因此，

《汉英大辞典》（第二版）将“午夜饭”笼统地解释为“New Year’s Eve family dinner”，而没有具体指涉米或面。由此看来，《现代汉语词典》（第六版）的释义“农历除夕全家人团聚在一起吃的饭”似可再做推敲[①]。其实，“吃饭”两字又何尝不是这样呢？再如，「山查子はバラ科の落葉低木である」这句话，通常会翻译为“山楂是蔷薇科落叶灌木”。其实，在中国，山楂属于乔木，在日本却属于灌木。不过，从翻译角度看，却不影响这句话的可译性，虽然有可能中国植物学家会怀疑这个译法有误。

之所以如此，哲学家解释说，“并不是说得越细，分析得越多，事情就更清楚。……维特根斯坦倒转了思考的方向：理解是一个自然的、直接的、无中介的过程。当然，有时需要解释，需要中介，但最终要来到直接理解。……维特根斯坦所要强调的是，我们的语言没有一种唯一的充分解析的形式，因此，我们也没有一种一劳永逸地消除误解的办法”（陈嘉映，2006：187-189）。这样，不可译与可译各以对方为自己的生存条件。那么，事情为什么会是这样呢？在形而上层面又应该如何看待这些问题呢？

4

正如前文所言，分节化的世界包含对象与概念，而且，因为后者，对象与对象之间、对象与概念之间、概念与概念之间又被人为地赋予了各种关系。譬如维特根斯坦所言的“家族相似性”，譬如某个事件会衍化成不同的事实，折射出人与物、与事之间的各种关系。

维特根斯坦所称的逻辑空间，日本学者译为「論理空間」。日语的「論理」含有逻辑之意，又不完全等同于逻辑，还含有论理、道理、规则、法则等意。因此，笔者倾向于借用日译的说法。人，由于生活环境的不同，由于生活经历的不同，由于接受教育的不同，他所经历

① 该词典对“饭”的解释是“①名煮熟的谷类食品……②名特指大米饭……③名每天定时吃的食物……④指吃饭……”，并未明确把面类食物纳入其中。

的世界，他所形成的逻辑、论理、道理、规则、法则等观念也就不同。简言之，由对象与概念所建构的"论理空间"人人有别。甚至一起长大的双胞胎兄弟也不可能拥有完全相同的"论理空间"。因此，人对世界的理解与他的"论理空间"密切相关。两个"论理空间"相近或重叠部分较多的人，相对容易理解。反之，则至少需要一方扩大自己的"论理空间"，走进对方的世界，才有可能不发生重大的理解偏差。对翻译而言，"论理空间"的差别大小，决定了可译度的大小。试想，如果要为英国科学家斯蒂芬·霍金做学术翻译，与他的"论理空间"重叠面不够大，恐怕难以胜任。因为"所谓'翻译'，就是把对方的语言纳入我的论理空间进行理解"（野矢茂樹，2011：144）。此外，即便是同一个人，也不可能始终生活在相同的"论理空间"里。十年前和十年后，人的"论理空间"自然有别。曾经拥有的"论理空间"一旦流失，即便是本人，不重新建构，也无法回到从前。

换一个角度看，人的"论理空间"虽然有别，但是，皆生活在同一个地球之上，世界展现给人类的又是相同或相近的生活内容和可能性，"人类共同的行为方式乃是我们据以解释陌生语言的参考系"（维特根斯坦，1996：123）。换言之，每一个人的"论理空间"虽然各不相同，但却是建立在一个相同的大分母——"家族相似性"之上的，其逻辑、论理、道理、规则、法则具有或大或小的相似性和互通性。从译学研究角度看，这意味着人与人之间"先天"地存在着某种可译度。"论理空间"的异同程度不仅决定可译度的大小，而且也会影响到对翻译活动本身的定性。简言之，在"论理空间"相近者之间，翻译行为不仅是可能的，也是容易被接受、被理解的。"论理空间"差距过大，或译入语里缺乏译出语的某个概念[①]或概念系统，就会改变翻译行为的性质。譬如，在日本翻译史上，philosophy，被明治时期思想家西周用「哲学」来表达；society，最初译为「交際」「仲間」「社中」，但皆不贴切，最后福地樱痴创造了一个新词「社会」。日本学者说这已非译词，而是新造词。因为当时的日本读者无法彻底理解

① 不是指译入语里缺乏译出语表示某个概念的词语，而是指缺乏这个概念本身，即便采取迂回解释的办法也无法翻译出来。

这两个词。所以，这并非翻译，而是一种新的“习得”——通过学习而获得新知。两者的区别在于翻译是不改变现有的“论理空间”去理解对方，而习得是通过改变自身的“论理空间”去推进理解（野矢茂樹，2011：142-144）。就是说，当初日本人的“论理空间”里没有“哲学”和“社会”这两个概念，所谓的“翻译”，本质上就是“习得”。无论对翻译家，抑或广大读者，都是如此。此话非常深刻，一语道破了中日近代史上西学东渐过程中新概念、新名词的“诞生”特点。的确，与其看作西词东译，不如视作“习得”——西词东学更加合情合理。其实质就是日本人通过学习来创造新名词，建构新的概念体系以拓展人们的论理空间，并通过媒体的推介，使其日后衍变为名副其实的译词。当然，习得一旦有误，被石化的误译只能起到以讹传讹的作用。“哲学概念在其语际翻译中十分容易被误译，而误译的结果可能会改变思想史的发展方向”（李河，2004：37）。

其实，《静夜思》里关于“床”的理解异同，也是源自人的“论理空间”的差异，同时也反映出对原型定义的艰难性。对生活在世界各地的人们来说，“床”的概念当然不尽相同，甚至有的地区可能没有这个概念，因而无法想象，无法理解，无法翻译，需要去习得，去创造新词、创造新概念。站在“家族相似性”的立场，要给“床”定义，本身就是一个问题。要想从上一节各类“床”中提炼出一个抽象概念的“床”并非易事。除《辞源（修订本）》的“坐卧之具”外，《现代汉语词典》将其概括为“供人躺在上面睡觉的家具”，《辞海》将其解释为“供人睡卧的用具”。三者抓大放小，皆以床的用途作为释义的核心内容而放弃了对外形的描述[①]。如果要以图画形式来表现抽象概念上的原型之“床”，也很不容易。画一张折叠木板床不难，画一帧 4 脚雕花龙床，画一只充气床，画一幅吊床也不难，然而要画出具有一切床的典型特征却又不能像任何一张实际存在的床则是难以做到的。因为并不是所有的原型，在现实世界都能找到匹配的对应物。简言之，对人而言，没有具象之“床”，就不可能有抽象之“床”。

① 当然，细究起来，三者在概念上还是有区别的，《辞源》里有“坐”的概念，另两本辞书有“人”这一限定词。此外，“具”“用具”和“家具”概念也不尽相同。

但是，并不能反过来从抽象之“床”推导出具象之“床”。在“家族相似性”的各色“床”中，本不存在原型之“床”。它不过是大而化之地概括了众多具象之“床”的基本属性而已。结果，说到“床”，在不同的人心里会唤起不同的联想，造成理解在“家族相似性”里的徘徊，但却不影响对“床”基本属性的理解。这是因为通常人们对“床”的理解与使用，下意识里采取了“模糊”策略，不会做抽象、具象的严格区分，更不会细究它的概念意义。而这种模糊处理正是人们得以正常交流的一个重要保证，也是可译性的一个重要理论根据。

换言之，大部分概念，包括不甚清晰的、需要身体记忆的概念，在不同民族之间往往又存在着近似的抽象方式，如“床”「牀」“bed”。再如《静夜思》的“地上”“明月”和“山月”。以后两者为例，它们到底是什么样子，谁又能准确说清楚呢？“明月”是指满月之月还是指上下弦之月，“山月”是指悬于高山之上的月亮还是半轮月牙咬住山顶之月，都是未定之谜。但是，中国人只简简单单抽象成两个词——“明月”与“山月”。其实，在汉语里，它们尚未被词典收录。而日语的「明月」，深究的话，可细分为晴朗之夜的月亮和八月十五的月亮两种。如以后者来理解，则全诗的意象，包括时空关系则会产生很大的变化。再以“低头思故乡”中表示抽象行为的动词“思”为例，李白当年表达的到底是一种什么样的“思”，是惆怅的，还是不安的，是痛苦的，还是后悔的，是情绪化的，还是理性化的，恐怕也难有定论。即便是“惆怅的思”，又惆怅到什么程度，怎么定性，是不是也不同于李白其他时候的惆怅，等等，也都无解。一定要准确无误地翻译，只能缴械投降。但是，如果笼统地抽象为一个“思”字，就不仅可说，而且可译。总之，意义既具有实体性，又具有疏略性、不确定性、游离性、思维的伴随性和逻辑性（刘宓庆，2007：278-295）。也就是说，“两种语言中的相应的词很少有可能不带明显意义差别地表达同一个概念”（威廉·冯·洪堡特，1999：224）。结果便是，翻译家从各自的“论理空间”出发，走向李白，走向《静夜思》的翻译，既缜密细致，又大而化之。

简言之，《静夜思》的可译，也说明上文所言“理解是一个自然的、直接的、无中介的过程”以及对概念“模糊处理”在人们交流中的重要性。译者既不可能与作者，也不可能与读者拥有相同的“论理空间”，虽共有一个“大分母”，却又永远处于动态的部分重叠与错位之中。可译/不可译就游走于其间。当两个“论理空间”重叠面过小时，译者无法进入对方的“论理空间”，哪怕是《静夜思》这种在我们看来具有普世性意象的诗歌也无法翻译。因为在译入语世界，它完全无法言说。要翻译，必须先习得，改造“论理空间”。此外，个人的“论理空间”也在不断变化，对事物的理解也永远处在发展之中。

5

再一次回到《静夜思》的训读上。据日本学者考证，训读在日本已有1400年左右的历史（佐藤喜代治，1983：260）。当初是作为一种学习汉语的手段而诞生的，“汉文是汉语的书面语，对日本人来说理解起来有很大困难，于是便要化解其中难解的部分，也就是要进行翻译，这便是汉文训读的起源。……（这）不是严格意义上的翻译，而是一种定格定型化了的读解手段。对此区别要有清醒的认识，否则就等于否定了汉字汉语词千余年来的日本化”（潘钧，2013：60-62）。简言之，训读最初就是以习得的方式登场，以帮助日本人大量搬运、吸收中国文化，拓展他们的“论理空间”。客观地说，日本人当年并无翻译汉诗的能力，也没有当代译学“以诗译诗”的概念，只能按日语语音、语法来标注中国诗文，进行亦步亦趋式的训读学习。其间所体现出来的程式化、雷同化以及由此引发的各种误译等问题，毫无疑问皆是习得所带来的负面结果。训读虽然从一开始就带有翻译的特点，却更多的是一种吸收外来文化的习得模式。并且，由于训读这一特殊翻译形式的程式化、雷同化，形成了汉诗日译在形式上的趋同化和规模化，客观上成为日本译坛的一种新诗体。日本学者称之为“文言自由诗”（松浦友久，2002：219），可谓“一语道破天机”——这既是一种审美观，更是一种历史的选择与无奈。

总之，经过一千多年的沉淀，训读已从最初的习得模式演变为一种定型化的翻译模式，普及到日常生活之中。如今，汉诗往往以训读的方式进入日本初高中生的语文课本，不需要附带其他形式的译文。譬如《静夜思》的训读就可以“单枪匹马”直接走进千家万户。从当代译学研究角度看，训读的优缺点皆十分突出。其优点在于充分利用汉日双语里的汉字和双语总体特点的相似性[①]，最大限度地采用直译，使中国诗文以最小的变化出现在日语之中。这是其他语种的翻译难以望其项背的。在本文中，笔者正是利用其长处消解了《静夜思》英译的不可译性。但是，换一个角度思考，在不同时空下，“论理空间”差距巨大的日本人也能不约而同地拿出非常接近的训读译文，实乃匪夷所思。与各显神通的众多英译汉诗相比，人们会强烈地感受到训读与当代译学间的龃龉。原因不难解释。关键就是所有的训读都采用了以字词为翻译单位的直译。而在训读学家眼里，不同版本间存在的重大或实质性的差异，从译学角度看，特别是与英译相比，却显得微不足道。因为它们之间的差异不过是在逐字逐词直译的大背景下，个别词语采用了不同训读法而已，基本上属于局部问题。更为重要的是，从译学研究角度看，支撑训读的直译方式早已化为不少日本翻译家的翻译观，使他们看不见汉诗训读背后存在的译学理论问题。譬如，使用回译法，训读译文回归原文的概率在90%左右（高宁，2011：22-28）。但是，日本学者通常意识不到这在诗歌翻译中极不寻常，反而由此更加热衷于直译。

因此，要消除训读所带来的负面因素，首先需要调整翻译观，要走出唯逐字逐词翻译才是训读、才是翻译的传统观念。只有先走出训读的围城，反观训读的得与失，并结合当代译学进行全面、深入的翻译研究，训读方能迈出与时俱进的一步。简言之，训读既需要发扬光大，又需要摆脱先天的不足。要充分意识到训读“之所以不同于现代意义上的翻译，就是因为今天的翻译者需要将自己的艺术感悟传递

① 如汉语属于意合型语言，语法关系隐蔽；日语则属于半意合、半形合的语言，语序相对自由；双语皆为语义型语言，话题-说明性句子较多，主语等句法成分省略或无主语现象比较普遍等。

给现代读者，而这恰是单靠训读就很难做到的”（王晓平，2014：201-202）。这一步，中国翻译家已经迈了出去。已有诗集在借用训读法翻译的同时，做了较大变通。如毛泽东《十六字令》的“其三”——“山，/刺破青天锷未残。/天欲堕，/赖以拄其间”已经训读为「山/青天を突き破りて刃なお欠けず。/天落ちんとするも/柱となりてこれを支えん」（外文出版社，2006：38-39）。如果按照传统训读方式，则为「山/青天を刺き破りて鍔未だ殘けず/天堕ちんとす/頼りて以て其の間に拄う」（武田泰淳等，1965：173）[①]。显然，国内译文已经尝试改变逐字逐词的训读，充分考虑到了原诗意义的准确转达与简洁易懂，具有创新价值和启迪意义。

最后，一言以蔽之，笔者以为在形而上层面，可译/不可译在很大程度上取决于可说/不可说；在形而下层面，可译之度不仅关涉不可译，同时也关涉可译。理解这一点，对于今后的翻译理论研究和翻译实践，皆具有积极意义。

参考文献

佐藤喜代治. 国语学研究事典. 東京：明治书院，1983.

武田泰淳、竹内実. 毛沢東——その詩と人生. 東京：文芸春秋新社，1965.

武部利男. 李白の夢. 東京：筑摩書房，1982.

野矢茂樹. 語りえぬものを語る. 東京：講談社，2011.

前野直彬，注釈. 唐詩選（中），東京：岩波書店，2000.

松浦友久. 漢詩——美の在りか. 東京：岩波書店，2002.

松尾善弘. 唐詩の解釈と鑑賞&平仄式と対句法. 東京：近代文藝社，1993.

目加田誠，訳注. 唐詩三百首（3），東京：平凡社，1975.

① 格式有改变，“/”表示换行。

爱德华·萨丕尔. 语言论. 陆卓元，译.陆志伟，校订. 北京：商务印书馆，1985.

陈嘉映. 语言哲学. 北京：北京大学出版社，2006.

单继刚. 翻译话题与20世纪几种哲学传统. 哲学研究，2007(2)：78-83.

方梦之. 中国译学大辞典. 上海：上海外语教育出版社，2011.

冯庆华. 实用翻译教程（英汉互译）. 上海：上海外语教育出版社，2002.

高宁. 论训读法与日本人的翻译观. 东方翻译，2011（6）：22-28.

高宁. 越界与误读——中日文化间性研究. 银川：宁夏人民出版社，2005.

侯维瑞. 英诗的韵律及其表意功能. 外国语，1986（2）：1-11.

纪太平. 异文化与译作原版选择的关系问题之我见. 日语学习与研究，2001（2）：33-35.

杰米里·芒迪. 翻译学导论——理论与实践. 李德凤，等译. 北京：商务印书馆，2010.

李河. 栖身于词语世界的哲学概念. 哲学研究，2004（9）：35-42.

梁瑞清. “说不出”及其现象意义. 外语学刊，2006（3）：20-25.

刘宓庆. 翻译与语言哲学（修订本）. 北京：中国对外翻译出版公司，2007.

罗新璋、陈应年. 翻译论集（修订本）. 北京：商务印书馆，2009.

潘钧. 日本汉字的确立及其历史演变. 北京：商务印书馆，2013.

孙周兴. 存在与超越：海德格尔与西哲汉译问题. 上海：复旦大学出版社，2013.

田庆芳. 语言的不可译性与文化的不可译性比较. 上海翻译，2007（2）：47-51.

外文出版社. 毛泽东诗词（中日对照）. 北京：外文出版社，2006.

王宾. 论不可译性——理论反思与个案分析. 中国翻译，2001（3）：8-16.

王福祥、汪玉林、吴汉樱. 日本汉诗撷英. 北京：外语教学与研究出版社，1995.

王晓平. 中日文学经典的传播与翻译（上）. 北京：中华书局，2014.

王佐良. 汉语译者与美国诗风. 读书，1990（6）：43-53.

威廉·冯·洪堡特. 论人类语言结构的差异及其对人类精神发展的意象. 姚小平，译. 北京：商务印书馆，1999.

维特根斯坦. 逻辑哲学论. 韩林合，译.北京：商务印书馆，2013.

维特根斯坦. 哲学研究. 李步楼，译. 陈维航，校. 北京：商务印书馆，1996.

赵毅衡. 诗神远游——中国如何改变了美国现代诗. 上海：上海译文出版社，2003.

赵甄陶. 李白《静夜思》英译赏析. 外语教学与研究，1986（4）：15-18.

Physical and metaphysical reflections on "translatability/Untranslatability"

Abstract: This paper explores the question of translatability/ untranslatorbility from physical and metaphysical perspectives by examining the Japanese translation of the classical Chinese poem "In the Quiet Night" (*Jingye si*). This paper argues that translatability depends on being effable. While translatability is more important at the metaphysical level, translatability and untranslatability are interdependent at the physical level. The degree of translatability concerns both translatability and untranslatability.

Key words: translatability/untranslatability, physical, metaphysical, study of translation

（此文发表于《华东师范大学学报》2015 年第 2 期，略有改动）

音乐剧《妈妈咪呀!》女主角形象在中文版翻译中的文化适应

韩琦敏

摘　要: 本文从戏剧翻译中文化适应的角度考察了音乐剧《妈妈咪呀!》女主角唐娜的形象在中文版里的重塑，认为正是翻译中的文化适应使原人物形象顺应了中国观众的审美期待，提高了她在中国文化里的可接受性，拉近了其与中国观众的距离。原本存在于该西式女子与中国观众间的文化冲突因而被缓和，这是本剧中文版得以顺利观演的一个重要原因。

关键词:《妈妈咪呀!》; 文化适应; 文化冲突; 戏剧翻译

1. 引言

1999 年崛起于伦敦西区，之后征服纽约百老汇，如今风靡全世界的音乐剧《妈妈咪呀!》以两幕轻喜剧的样式讲述了一个有关女儿寻找生父的故事，以乐观明朗的基调展现了亲情、爱情、友情这一普适性主题。不过，细观故事情节，不免发现其中的曲折：单身母亲唐娜（Donna）年轻时在短期内相继与三名异性产生了感情纠葛，以致连自己都不知道女儿苏菲（Sophie）的生父是谁。苏菲即将结婚前把三位“疑似父亲”都邀请来参加婚礼，引出了一个笑中带泪的“寻亲”

故事。剧中女主角唐娜恋爱时的热烈冲动、率性不羁显然与中国文化传统里的女性形象相抵牾，而整个剧情以她过去的经历为基点展开。在我国经本土化制作，《妈妈咪呀!》于 2011 年以中文版形式直面观众。此剧究竟能否被中国观众所接受？是否会“水土不服”？业界与评论界响起了对于该剧剧情中与中国文化传统不合之处表示关注的声音。

伴随着各界的一些质疑声，中文版《妈妈咪呀!》开始了在全国的巡演。从实际情况看，该剧取得了令人瞩目的商业成绩，受到了观众的欢迎。该剧成功的原因有许多，其中之一，在于翻译过程中有关唐娜形象的文化适应使该角色顺应了中国观众的审美期待，丰富了她在中文版里的形象，提高了她对于中国观众的可接受性，拉近了她与中国文化传统的距离，从而为缓和该人物与中国观众之间的文化冲突发挥了关键的作用。

2. 戏剧翻译的跨文化之维

关于戏剧翻译的研究，最经常论及的是从演员表演和观众观剧出发而形成的原则与特点，如上口性、即时性以及可表演性等。这些因素以外，一项不容忽视的维度是戏剧翻译的跨文化本质。

2.1 戏剧翻译中的文化冲突

语言是文化的载体，戏剧语言与其文化是紧密融合在一起的（刘金龙、高莉敏，2010），戏剧翻译显然属于跨文化交际的重要领域。由于历史传统、风俗习惯、伦理道德、思维方式等方面存在文化差异，作为跨文化交际活动的戏剧翻译会面临因文化差异而引起的各种文化冲突。例如，不同地域的观众群具有不同的观剧习惯和接受心理。为一地观众所习以为常甚至喜闻乐见的舞台上的粗俗对白，可能会使另一地观众尴尬不已甚至大惊失色（程朝翔，2008）。文化价值观的不同导致了期待视野的不同。因文化相异性而形成的文化冲突是戏剧翻译需要逾越的主要障碍之一。遇到这样的困境，如何使根植于源语文化土壤的戏剧与来自译语文化环境的观众之间的跨文化交际得以实现？这意味着戏剧翻译过程必须协调源语文化与译语文化间的矛盾之处，缓和潜在的对抗。

2.2 着眼译语观众，拉近文化距离：戏剧翻译中的文化适应

在戏剧的诸多构成要素中至关重要和最不可或缺的是观众，这也是戏剧存在的根本目的。一般而言，戏剧翻译的根本目的是满足观众的观剧需要（邓笛，2008）。同时，剧场时空的有限性和观演关系的群体性则突出了现场观众即时集体体验和直接交流以及观演互动所形成的效应。这些原因都使得戏剧翻译不得不充分考虑到译语观众的审美情趣和接受能力。也就是说，戏剧翻译是一种注重观众接受的跨文化交际。

在戏剧翻译这一跨文化交际过程中，经常是接受体系引发文化接触，这体现在接受体系可以认可也可以排拒译作（Heylen，1993：22）。一部译剧是否成功以及其自身实际上能否作为一部译剧而存在，取决于接受体系的利益和文化预设（Mateo，1995：99）。译语观众所身处的包括审美期待、戏剧传统等在内的接受体系不可避免地参与到译剧的接受过程。关于这点，巴斯奈特曾明确指出，影响戏剧文本翻译的一个关键因素是译语观众的期待和译语戏剧体系所带来的限制（Bassnett，1998：93）。她以及其他学者，如勒菲弗尔、阿尔托宁等，从戏剧的接受出发，都将“文化适应”（acculturation）的概念引入了跨文化戏剧翻译研究的领域。所谓“文化适应”，是“指某一群体或个人的语言、文化、价值观因与另一文化相接触而发生顺向变化”（方梦之，2011：302）。具体而言，戏剧翻译中的文化适应是指出于文化差异的考虑，为了使译剧顺应译语观众的审美期待和译语戏剧规范，获得更广泛的接受，而往往从译语文化传统的角度来改写原剧中的异质文化因素，使之趋近于译语文化规范的相关变通手段，或通过这种手段而获得的相应译本（任晓霏，2008：43-44）。勒菲弗尔认为，译

者经常试图从他们自身所处的译语文化的诗学的角度来改写/重塑（recast）原文，只不过是为了使译文令译语观众满意，并且通过这样做来确保译文实际上会被阅读。译者在原作诗学与译语文化诗学之间所做出的妥协当中生动地揭示了文化适应的过程，也无可置疑地证明了特定诗学权力影响的程度（Lefevere，1992：26）。他考察了德国戏剧家布莱希特（Brecht）的代表作之一《大胆妈妈》（*Mother Courage*）在美国的接受情况，着重剖析了该剧在20世纪40至70年代间的不同英译本在不同程度上为使布氏戏剧适应百老汇的戏剧观念与传统所做出的变通和调整。在此案例中，他试图阐明布氏该剧的英译本，及其相关英语剧评和英语参考书中所构建出的布莱希特作品的形象，对许多不懂德语的读者或观众来说就是布莱希特作品的真实形象，而这种情况并非仅见于布莱希特的译介和传播中。因此，他强调应当就这些形象是如何构建出来的进行分析（Lefevere，1998：109-121）。有关戏剧翻译中的文化适应，艾朗（Heylen）则把它比作一个滑动标尺（a sliding scale），其一个极端是对源语文本不做任何文化适应的尝试，从而产生出一个令人觉得怪异的译语文本；中间地带是协商和妥协的区域；另一个极端是使源语文本发生彻底的文化适应（Bassnett，1998：93）。阿尔托宁认为，一定程度的文化适应在戏剧翻译中是无法避免的，而且比在其他文本类型的翻译里表现得更为明显（Aaltonen，1996）。她甚至表达了更激进的观点：戏剧翻译所呈现出的是一种对异质的抗争，“因此，一部译剧整体上将总会是译语文化的反映而不是原文的反映”（Aaltonen，2000：114）。而另一方面，文化适应在戏剧翻译中所起到的效果也受到了质疑。巴斯奈特（1998：92-94）在阐述戏剧翻译中戏剧文本的文化适应时，援引契诃夫（Chekhov）剧作的英译者之一格里菲斯（Griffiths）的观点，旨在说明翻译中的文化适应过程转变了契诃夫作品的原意，人们从英译中得到的是一个英国式的而非俄罗斯的契诃夫，更确切地说，是一个英国式中产阶级契诃夫。

综合判断，由于语言文化和观剧传统的差异，当遇到译语观众的审美期待与别样姿彩的源语文化间出现矛盾时，文化适应这一现象将在戏剧翻译中充分表露出来。来自与译语观众相同文化环境的译者通常有意无意都会担当起文化调解者的角色，着眼于译语观众的接受能力和文化心理，对原文采取变通手段，朝着译语观众的方向拉近文化距离，缓和文化冲突，使译剧可以顺利进入译语观众的期待视野。

3. 歌声笑语里走近中国观众的唐娜

在该剧中文版问世之初，尽管在女主角唐娜这一形象及相关故事是否适宜在我国舞台上本土化演出的问题上曾引发业界和媒体的隐忧和讨论，然而，我们发现，经过翻译，中文版《妈妈咪呀！》里的唐娜在语言层面上发生了质的改变。西式热辣狂野的她悄悄变得有些含蓄细腻，还带有几分楚楚可怜，甚至柔婉中闪烁着母性的温情。唐娜在歌声笑语里拉近了与中国观众的距离，原本潜在的文化冲突被柔化了。

3.1 抑扬之间文化冲突的缓和

在中国文化语境里，唐娜这一人物形象颇具争议，挑战中国传统道德的是她那具有西方性解放年代特征的冲动随性、放纵不羁的恋爱经历。这段经历构成了本剧剧情框架的基础。有关唐娜这段“前史”的交代在全剧中所占比重较小，被安排在第一幕开始，通过苏菲和同伴一起偷读唐娜当年日记的方式向观众作一略述。整个过程寥寥数语，没有给翻译留下多少变通的余地。占据本剧更多时空容量，同时也是除了“前史”外，参与人物形象塑造并对其进行深入描绘的部分是随着剧情发展而穿插其间的唐娜本人的言谈和歌曲。这些展露角色性格特点和情感心境的对白与歌声带给观众直观的视听感受，是观众对该人物形象建立具体印象的主要途径。翻译过程可以“有所为”，即可以有所变通的文本空间就存在于此。

剧中无论是步入中年、韶华褪去的唐娜，还是往事重温中当年那个青春无敌的唐娜，其性格中的那份豪放、野性都通过间或出现在台词或歌词中的粗俗或直白用语显示了出来。这部分内容对跨文化翻译构成的阻碍，实质关系到中西性观念的差异。受到各自历史传统、社会习俗、伦理道德的影响，中西方在对待性的态度上长期存在着不同的倾向，正如有学者指出，“在性的表达方式上，西方崇尚直率、暴露，中国偏向含蓄、回避”（王健，2003）。表现在舞台表演惯例上，西方舞台上常会出现一些粗俗的性玩笑或调侃。这类具有性指向或性暗示、通常涉及“生殖器官”“生理现象”等敏感词汇的对白在戏剧里起着刻画人物、活跃剧情、强化舞台效果的作用。然而对于中国舞台而言，这样直白肆意的方式是无法想象和难以接受的。在中国的社会文化习俗及戏剧传统里，涉性话题一直以来都是禁忌。即便在公众场合或戏剧舞台上有所指涉，也大都采取迂回委婉的方式，极少会“直奔主题”、毫不避讳。中西性观念差异同样表现在歌曲中。在西方通俗歌曲里，经常可闻对情爱的直露表达，而这与我国受众的审美观念具有明显差异（薛范，2002：166-168）。我国的流行歌曲中，有关爱情的悲喜得失一般都以含蓄、内敛的风格来状摹。一旦在中文歌曲里出现露骨之词，势必与主流中国受众的欣赏情趣不相适宜，会招致他们的排拒。

倘若要让唐娜这样一位西式女性在中国舞台上被中国观众接受，戏剧翻译过程就必然要尊重和顺应中国文化传统和规范，顾及中国观众的审美心理。使唐娜不违逆译语文化规范与传统，在中国观众眼里具有可接受性的决定性一步，是抑制其热辣狂野的锋芒。在中文译本中，对含有相关敏感词汇的台词和歌词，译者往往都采用了变通手段来清理、过滤、修饰原文，将其“直言不讳”的痕迹隐藏起来。原剧人物形象与译语观众间最直接的文化冲突被避免了，这是中文版里围绕该人物形象所发生的文化适应的基础层面。此外，在另一些歌词和台词的翻译中存在的变通和调整则显露了有关该人物形象的文化适应的另两个倾向：对唐娜被离弃后的柔弱凄楚加以渲染以及令她焕发出一位母亲的温婉光彩。这两个层面的文化适应积极迎合了中国观众的审美期待，拉近了该角色与中国文化传统的距离。于是，站在中国舞台上的唐娜说笑歌唱中展示出的形象对中国观众来说基本上已经顺耳入心。翻译过程的“抑”与“扬”使原剧人物形象适应了中国观众的审美习惯，提高了其对于中国观众的可接受性，弥补了一部分该角色因其“前史”而对中国观众来说所具有的瑕疵，缓解了原本存在于该形象与中国观众之间的文化冲突。

3.2 热辣锋芒的隐抑

使唐娜的形象在中国观众看来具有可接受性，翻译中首先要越过的一个障碍就是她身上那层热辣野性的锋芒。前文提及，西方戏剧舞台常以有关性的戏谑和调侃来制造笑点，在《妈妈咪呀!》英文版唐娜的台词里也有这样的情况。这类涉性笑点既刻画了人物形象，又烘托了舞台效果。可是，当此类笑点面对的是中国观众时，对于他们的文化心理有充分预见的译者清楚地意识到为了保证戏剧的顺利观演，必须变通，变“直言不讳”为“拐弯抹角”，将文本控制在中国观众的审美承受力之内，同时又要尽可能保留原有的语言效果。第一幕，唐娜当年的三位恋人受苏菲之邀来到小岛出席婚礼，他们的不期而至令唐娜既惊又恼。二十一年来，她独自将女儿拉扯大，现在女儿要出嫁了，他们却全都来了。唐娜当然心有不甘和委屈，英文原版中，她抱怨道：“I am going to be muscled out by an ejaculation!”[①]（我要被射精挤到一边去了！）在中文版里原文过于直露的粗俗语被改译成婉转的表达“我要被三匹种马挤到一边儿去了！”，原来的不雅甚至尖锐之处受到了抑制，同时原句中的致笑因子——生动的揶揄和辛辣得到了保留。英文版中唐娜出言时的豪放、无所顾忌到了中文版里被隐去了踪迹，变得含蓄委婉。

不仅在台词方面，在歌曲中，唐娜的热辣野性也有所体现。剧中唐娜与闺蜜谭雅（Tanya）和罗茜（Rosie）感慨往事，共同唱起了三人年轻时组建的动力乐队招牌歌曲《舞会皇后》（“Dancing Queen”）。当时正值妙龄的唐娜身为摇滚组合主唱，她风采曼妙，活力张扬中透

---

① 本文所引用的该剧英文版台词来源于 http://wiki.answers.com/Q/How_do_you_get_a_Mamma_Mia_script（2012-07-07），中文版台词为笔者根据观剧记录整理而成并经该剧中文版中方导演胡晓庆以及中文剧本译者之一张南确认，在此深表感谢！

着迷人野性。整首歌曲的风格将动感、甜美与狂野糅于一体，中文版歌词在节奏、韵辙等方面与原版高度契合。不过，可以发现译者仍然诉诸尽量婉转含蓄的途径，将原版歌词中个别露骨的语言点做了变通处理。例如，英文版歌词中有一句“You’re a teaser, you turn ’em on/ Leave ’em burning/ And then you’re gone/ Looking out for another”，中文版此处译文是“你把他欲望开了头 / 放了火然后就想走 / 你转身就去迷惑 / 下一个猎物”①。译者实质上传达了原文的风格和含义，但是原文里显眼的“teaser”（挑逗者，勾引者）这一形象被隐匿未译出，直白甚至热辣的表述被绕开了。如此一来，原版英文歌中西方女孩身上大胆外放、热力四射、极具魅惑性的光芒经过柔和化处理，到了在中国舞台上同样载歌载舞的唐娜身上变得不那么耀眼，而是若隐若现，内敛了些许。

3.3 柔弱苦情的渲染

《妈妈咪呀!》中歌曲部分主要起到了抒情和营造气氛的作用。观众对剧中人物的印象相当一部分来自歌曲带给他们的感受上。本剧中唐娜的若干首独唱或主唱曲目，多半都以抒发失恋的伤痛为主题。在中文版里，这些歌曲所突出展现的唐娜俨然增添了几分苦情弱女子的哀婉凄楚，使原剧该人物形象在中文版中得到了丰富，并顺应了中国文化传统对女性形象的期待。

歌曲的翻译因其受到韵律、节奏、声调、音乐风格等因素制约，无法按照原文逐字翻译，所以通常被称作“译配”（孙慧双，1999：236-243；薛范，2002）。在歌曲体裁翻译中，势必存在大量以改写为主的译者创造性成分。此外，在《妈妈咪呀!》这类创作上先有歌曲后有剧情的所谓“串烧音乐剧”（Compilation Show，Catalog Show）（Mc Lamore，2004：281-282）、“点唱机式音乐剧”（Jukebox Musical）②中，歌曲所发挥的抒情功能重于其参与情节进展的功能（费元洪，

① 本文所引用的该剧英文版歌词来源于 http://wiki.answers.com/Q/How_do_you_get_a_Mamma_Mia_script (2012-07-07)；中文版歌词来源于音乐剧《妈妈咪呀!》中文版官方网站新闻资料链接：http://mamma-mia.caeg.cn/xwzl_8.php?id=103 (2011-09-23)。

② 见中国音乐剧爱音客官方微博：http://weibo.com/chinamusical (2011-06-17)。

2007；2011），这也给剧中歌曲的翻译提供了更灵活的空间。综合上述因素，结合译者在其自身自然沉积的语言文化审美经验影响下对各种译策有意无意的选择，生成的中文版歌词里唐娜的形象朝着中国观众的审美习惯得到了进一步的修饰和微调。

第二幕当唐娜再次面对当初狠心离开自己的恋人山姆（Sam）时，她唱出一曲深情悲诉，歌名为《胜者为王》（“The Winner Takes It All”）。其中有一段歌词原文为“I was in your arms/ Thinking I belonged there/ I figured it made sense/ Building me a fence/ Building me a home/ Thinking I'd be strong there/ But I was a fool/ Playing by the rules”，中文版歌词是“也许只是我 / 偶尔太过天真 / 流连在你怀中 / 奢望着永恒 / 奢望着相守 / 从此一世一生 / 却不曾准备 / 背负这伤痕”。中文歌词打破了原文的行文顺序，有相当的灵活创造成分。特别是原文中的“Building me a fence/ Building me a home”并没有被直译成“为我树起栅栏 / 为我建立家园”这样具有较强动作感和自我意识的表达，而是被转译成具中国化意味的“奢望着永恒 / 奢望着相守”，从中流露出带着自卑意识的对爱情归宿的祈求。一个内心柔弱无助、哀婉可怜的女性形象被勾勒了出来。在这段情感独白中，一个原本尚具有自主判断和平等立场的西方女性经过中文呈现出来后更像是一个处于被动地位、听天由命的痴心女子，不免引发观众对其遭遇和心境的恻隐。歌词翻译中存在着的这种译者对于原文的有意“误读”，即“按照自身的文化传统，思维方式，自己所熟悉的一切去解读另一种文化”（乐黛云，1995：110），是译者受制于自身民族文化的积淀和观众的心理期待，从译语文化的立场对源语文本所进行的改造和阐释。由此而产生的中文歌词，根据汉语文化的需要，一定程度上“重塑”了唐娜的形象。歌曲高潮段落过后，舞台上歌声里再次出现了一个眼中噙泪的柔弱女子形象。这段唱词是“I apologise/ If it makes you feel bad/ Seeing me so tense/ No self-confidence…”，译文是“若我的泪水 / 还会让你难过 / 就算我的错 / 是我太软弱……”。与原文中的“so tense”（如此紧张）、“no self-confidence”（没有自信）相对应，在汉语里分别出现的却是“泪水”和“软弱”。英文中较为客观的有关情绪或个性特质的描述到了汉语里变成了较为直观的、含较强主观感情色彩的词语，不禁令人联想起遭遇恋人负心的女子的悲惨处境，心生同情。

本剧同名主题曲《妈妈咪呀》（“Mamma Mia”）的歌词翻译也很能说明唐娜形象在汉语语境里的悄然变身。看一下其中两个段落：“Yes, I’ve been broken-hearted/ Blue since the day we parted/ Why, why did I ever let you go?/ Mamma mia, now I really know/ My, my, I should not have let you go/ I was angry and sad/ When I know we were through/ I can’t count all the times/ I have cried over you”，译文为“看不到你的时间 / 要怎么停止思念 / 快快，把我带到你的面前 / 妈妈咪呀，再靠近一点 / 快快，让我回到你的身边 / 我曾独自伤心 / 一切都已结束 / 每天每夜哭泣 / 眼泪不能停住”。在这段唱词中，“broken-hearted”（心碎）、“blue”（忧郁）被转化为“思念”，忧伤绝望的情绪被萦绕心头的想念所取代。“Why did I ever let you go?”（为何我当初让你走）和“I should not have let you go”（我当年本不该让你走）分别被转译成了“把我带到你的面前”和“让我回到你的身边”。英文唱词里第一人称“我”是句子主语，作为施事，而中文唱词里“我”则为受事宾语。尽管以无主语句形式出现，表露的也是主观意愿，但情感表达上却含带着羞怯，明显不如英文中那么直截了当。昔日恋人重逢，处于内心挣扎中的唐娜在英文唱词中表达着明确的自主性立场，在中文唱词中却表露出含蓄的受动倾向。“angry and sad”（愤怒和伤心）被译为“独自伤心”；最后两句则突出了“哭泣”和“眼泪”，其中“眼泪”原文中没有，为增译部分。经过这些翻译步骤，被恋人抛下后在英文中既“怒”且“悲”的她经由中文表现出来后凸显了“悲”，略去了“怒”，显得凄楚可怜。

于是，中国观众从这部西方音乐剧中依稀看到了他们所熟悉的中国“苦情戏”模式里柔弱温顺的苦命女主人公的影子。此时，舞台上这一人物形象被赋予的柔软纤细的特质，发挥出了“苦情戏”中苦情审美的作用，激发起观众的怜悯和同情（蓝凡，1992：567-568），观演间达成强烈的情感共鸣。经过润色，歌声里所描摹的唐娜符合了中国观众的审美标准，对他们来说变得顺耳入心，她的可接受度乃至好感度获得了显著提升。伴着动人的歌声，唐娜走近了中国观众。

3.4 温婉母性的闪亮

值得一提的是，中文版《妈妈咪呀！》在铺渲唐娜悲情弱女子的苦境之外，其一些细节上的变通和调整还令她散发出温暖柔和的母性光芒，从而使该人物形象继续得到延展，进一步适应了中国观众的欣赏期待。

该剧第二幕婚礼前夕一景令人难忘：唐娜看着苏菲穿上婚纱并为她梳起秀发，心中感慨万千，轻声唱起《指间时光留过》（“Slipping Through My Fingers”）。伴随着抒情的旋律，中文歌词里徐徐流淌出的是具有东方韵味的意境。有一段歌词原文为“I watch her go/ With a surge of/ That well-known sadness/ And I have to sit down/ For a while”，译文为“坐在窗前 / 我只能 / 凝望她的背影 / 任古老的忧伤 / 蔓延”。这段歌词经译者采用增词及转换等方法的加工，颇增添了几许汉语里特有的优美情调，细腻地表达了母亲对羽翼渐丰的女儿即将离开自己时的不舍与惆怅。再看此曲副歌部分：“Do I really see/ What’s in her mind/ Each time I think/ I’m close to knowing/ She keeps on growing/ Slipping through my fingers/ All the time”，中文版为“女孩小小心事 / 我不懂 / 想追逐她 / 成长的脚步 / 却只差一步 / 指间时光流过 / 太匆匆”。原文“Each time I think/ I’m close to knowing/ She keeps on growing”（每当我觉得就快知道了，她又长大了）的表达较为平实；译者利用汉语较英语在思维上更重具象、表达方式上更倾向使用比喻的特点（刘宓庆，2006：508；蔡基刚，2001：287），借由暗喻“想追逐她成长的脚步，却只差一步”来达意，发挥了汉语的优势，使语言更生动直观。画面感十足的歌词与舞台场景配合在一起，相互映衬，产生出极强感染力。低吟浅唱间唐娜对女儿的疼爱与牵挂跃然舞台之上，令其形象绽放出融融母爱之光，许多观众为之动容。

在作为全剧尾声的婚礼上，苏菲体谅了母亲这些年来的隐衷和艰辛，年轻的她鲁莽直率地脱口而出：“I don’t care if you’ve slept with hundreds of men! You're my Mum!” 唐娜感动得想要拥抱女儿，但随即她反应过来，对着观众席摊摊手说：“I have NOT slept with hundreds of men.” 这段对话“是《妈妈咪呀!》的重头‘包袱’，每次都能逗笑西方观众”（李邑兰、欧阳苗，2011）。中文版早期曾一度几乎原原本本将其直译：“就算你睡过几百个男人我也不在乎！你是我妈，我爱你!”“我没有睡过几百个男人。”英文台词被原样照搬到中国剧场后，其激起的观剧反应与西方剧场截然不同。据笔者在上海大剧院的观剧经历，听到此处，观众的笑声并不高，比较零落，甚至还带有几分勉强和尴尬。西方观众听来觉得活泼生猛的笑料，在中国观众听来，可能还是过于生猛了。尽管该段台词属于戏剧夸张，但终究显得突兀和恣意，超出了中国观众的审美承受力。令西方观众颇觉自然甚至开怀的唐娜母女言语中的麻辣爽直与中国观众所习见并欣赏的中国舞台上的女性群体形象大相径庭。好在随着中文版巡演的推进，此段母女对白得到了调整。苏菲表白道：“就算我有再多的爸爸我也不在乎，你是我妈，我爱你!”唐娜语气柔和而坚定地回答：“就三个!”经改译的文本，措辞比原文低调拘谨得多，将唐娜的豪放收敛了起来，留下一抹更适合母性气质的温婉底色。中国观众听着觉得和蔼、不那么刺耳，甚或还因会心而莞尔。这无疑为唐娜树立身为母亲的积极形象加了分，是烘托其母性温情的点睛之笔。

4. 结语

本文探析了音乐剧《妈妈咪呀!》女主角西式女子唐娜与中国观众之间的文化冲突如何通过该剧中文版翻译过程里的文化适应得以缓和。译剧中所发生的有关该角色的文化适应，呈现出三个主要倾向：隐抑该人物热辣野性的锋芒，渲染其苦情女子的柔弱凄楚，以及点亮其温婉母性的光彩。其中第一个倾向是令唐娜不被排拒的前提。后两种倾向使原人物形象在中文版中得到了丰富和延伸，迎合了中国观众的欣赏习惯。总体上这三个层面的文化适应，让女主角的形象顺应了中国观众的审美期待，增强了该角色在中国文化中的可接受性，拉近了与中国观众的距离。上述译剧中有关唐娜形象的修饰和润色，一定程度上弥补了该人物形象因其早期经历而对中国观众而言所具有的缺陷，缓和了原本存在于她与中国文化传统和规范之间的冲突，也为该角色所折射出的西方性自由、性解放价值观在因该剧本土化上演而与中国传统道德价值交锋时加设了一道缓冲层，为该剧中文版的顺利观演提供了一份保障。

参考文献

Aaltonen, S. *Acculturation of the Other. Irish Milieux in Finnish Drama Translation*. Joensuu: Joensuu University Press, 1996.

Aaltonen, S. *Time-Sharing on Stage: Drama Translation in Theatre and Society*. Clevedon: Multilingual Matters, 2000.

Bassnett, S. "Still trapped in the labyrinth: further reflections on translation and theatre". In S. Bassnett and A. Lefevere (eds.) *Constructing Cultures: Essays on Literary Translation*. Clevedon: Multilingual Matters, 1998.

Heylen, R. *Translation, Poetics and the Stage: Six French Hamlets*. London and New York: Routledge, 1993.

Lefevere, A. (ed.). *Translation/History/Culture: A Sourcebook*. London and New York: Routledge, 1992.

Lefevere, A. "Acculturating Bertolt Brecht". In S. Bassnett and A. Lefevere (eds.) *Constructing Cultures: Essays on Literary Translation*. Clevedon: Multilingual Matters, 1998.

Mateo, M. "Translation strategies and the reception of drama performances: a mutual influence". In M. Snell-Hornby et al (eds.) *Translation as Intercultural Communication*. Amsterdam and Philadelphia: John Benjamins, 1995.

Mc Lamore, A. *Musical Theater: An Appreciation.* Upper Saddle River, New Jersey: Prentice Hall, 2004.

蔡基刚. 英汉写作对比研究. 上海：复旦大学出版社，2001.

程朝翔. 导读，载 Zatlin, P. *Theatrical Translation and Film Adaptation: A Practitioner's View*（《剧场翻译及电影改编：一位实际工作者的观点》）. 上海：上海外语教育出版社，2008.

邓笛. 从观众中心原则看戏剧翻译策略. 上海戏剧，2008（5）：32-34.

方梦之. 中国译学大词典. 上海：上海外语教育出版社，2011.

费元洪.《妈妈咪呀！》为什么成功？. 音乐爱好者，2007（8）：18-20.

费元洪. 惊喜之后，期待精彩：《妈妈咪呀！》中文版预演观后. 上海戏剧，2011（8）：16-17.

蓝凡. 中西戏剧比较论稿. 上海：学林出版社，1992.

乐黛云. 文化差异与文化误读. 载乐黛云、勒•比松，主编. 独角兽与龙——在寻找中西文化普遍性中的误读. 北京：北京大学出版社，1995.

李邑兰、欧阳苗.《妈妈咪呀！》汉化记. 南方周末，2011-07-14，（E21）.

刘金龙、高莉敏. 戏剧翻译的文化之维. 四川戏剧，2010（4）：95-98.

刘宓庆. 新编汉英对比与翻译. 北京：中国对外翻译出版公司，2006.

任晓霏. 登场的译者——英若诚戏剧翻译系统研究. 北京：中国社会科学出版社，2008.

孙慧双. 歌剧翻译与研究. 武汉：湖北教育出版社，1999.

王健. 中西性观念差异及其导因. 社会科学战线，1993（3）：235-240.

薛范. 歌曲翻译探索与实践. 武汉：湖北教育出版社，2002.

The acculturation of the heroine of *Mamma Mia!* in Its Chinese translation

Abstract: The paper examines the recasting of the image of Donna, the heroine of the musical *Mamma Mia!*, in its Chinese translation from the perspective of acculturation in theatrical translation, and argues that acculturation in translation has accommodated the image of the protagonist to the aesthetic expectation of the target audience, improved her acceptability in the Chinese culture and shortened the distance between her and the Chinese audience. The potential cultural conflict between the western heroine and the Chinese audience has therefore been eased, which has contributed to the successful staging and viewing of the Chinese language production of the musical.

Key words: *Mamma Mia!*, acculturation, cultural conflict, theatrical translation

（此文发表于《外语教学理论与实践》2013 年第 4 期）

“异化”的翻译与民族文化丰富与发展

——重读施莱尔马赫的翻译思想

李征　张春柏

摘　要：今天，翻译中的“异化”和“归化”问题重新成为人们讨论的问题，重读德国哲学家施莱尔马赫的《论翻译的方法》，从翻译的定义、分类，翻译的方法、功能方面解读施莱尔马赫的翻译思想，并结合具体翻译案例，讨论我们在进入全球化时代的今天，重申和拓展施莱尔马赫翻译思想在丰富和发展民族文化、汲取民族文明精髓方面重要的现实意义。

关键词：异化的翻译；归化的翻译；施莱尔马赫；民族文化

今天，在全球化时代的背景下，各民族之间的文化交流日益增加，同时年轻一代的外语语言水平提高，文化全球化的趋势也已形成。但是由于现代社会商业化和市场化需求更多的读者，于是一部分译者在翻译文学作品时，倾向采用更加符合译入语语言表达和文化范式的翻译策略，即“归化”的翻译，最大程度地降低译文给译入语读者带来的陌生感，以期译文更容易被译入语读者所接受。尽管这样做可能会吸引更多的读者，受到更多译入语读者的欢迎，然而“归化”的翻译过程中，我们让源语文化迁就于译入语文化，甚至用译入语文化取代源语文化，这样的译文无法真正达到跨文化交流与传播的目的。就文化的生产和改造质量而言，这并非善途，会带来很多问题，并造成各民族文化同质化的发展局面。而且这也不符合文化全球化的大趋势，不利于保持各民族的文化独特性。“归化”翻译策略指导下生产出的译文在介绍、传播外来文化的时候往往会流于表面，看上去是译介了外国的作品，实则已经把其中的外国文化部分做了“归化”或者“本土化”。例如，辜正坤教授就曾把莎士比亚的名句“Shall I compare thee to a summer’s day?”译为“我或许可将你比成春季”，辜教授对其译文做了如是的解释：“英国是北方国家，伦敦的纬度比我国哈尔滨还高六度，所以英国的夏季是最明媚的季节，相当于我国的春季，故此处将原文 summer’s day（夏季）译成春季。”（辜正坤，1990：906）在“归化”策略倡导者眼中，此处译为“春季”比“夏季”更好，因为中国文化中“春天”的意象更为接近英国人对“summer”的理解。然而这样的翻译，会阻碍读者对英国文化的了解，可能使他们永远也不会了解英国的“夏日”是多么的宜人。

因此，在全球化的今天，“异化”的翻译策略应该是译者的首选，它会让读者走近作者，走进源语文化。要更深刻地理解“异化”翻译和民族文化之间的关系，我们有必要重新解读施莱尔马赫（Friedrich Schleiermacher，1768—1843）的翻译思想。作为德国浪漫主义时期伟大的哲学家、神学家、阐释学的创始人，施莱尔马赫的翻译思想同样具有划时代意义。他提出的“两种翻译方法”对 19 世纪以来的西方翻译界和翻译理论影响深远，其中之一便是韦努蒂（Lawrence Venuti，1953— ）倡导的“异化”翻译理论。后者根据施莱尔马赫对翻译方法的分类，在 1995 年出版的《译者的隐形——翻译史论》一书中给翻译的两种方法做出了明确的定义，即归化的翻译（domesticating translation）和异化的翻译（foreignizing translation）（Venuti，1995：20）。该文引发了国内学者广泛的研究兴趣，也因此出现了大量研究韦努蒂翻译理论的文章。在中国知网以“韦努蒂”为检索词，检索项为题名，在中国期刊全文数据库可以搜到 75 篇相关文章，其中有对韦努蒂翻译理论的阐释，也有对其翻译理论的批评，还有运用其“异化”翻译理论分析、解释具体翻译现象。然而这些论文却较少提及施莱尔马赫的翻译思想，即使提到也大多是一带而过，并未做深入的分析。虽然韦努蒂和施莱尔马赫都推崇“异化”的翻译策略，但是他们的出发点有所不同。韦努蒂认为“异化”的翻译是打破欧美文化霸权主义的有效途径；施莱尔马赫认为“异化”的翻译可以丰富译入语民族的语言和文化，促进民族发展。笔者认为对施莱尔马赫翻译思想的解读是我们真正理解“异化”翻译的关键所在。

施莱尔马赫的翻译思想集中体现在他1813年宣读的论文《论翻译的方法》之中，他从翻译的定义、翻译的分类、翻译的方法、翻译的功能、译者面临的困难等方面阐释了自己的翻译思想。他的翻译思想在翻译理论发展史上影响深远，具有划时代的意义。在他之前无论是哲罗姆（Jerome，约340—420）、西塞罗（Marcus Tullius Cicero，公元前106—前43年），还是德莱顿（John Dryden，1631—1700），他们的翻译思想都主要以处理原作与译作的关系为基础，他们讨论的焦点是直译和意译。而施莱尔马赫认为，翻译的过程是译者处理译文读者和原文作者之间关系的一个过程。此观点的提出为之后的翻译研究提供了一个新的视角，翻译研究不再局限于处理原作和译作的关系。

在《论翻译的方法》一文中，施莱尔马赫认为，翻译不仅包括不同语言之间的转化、不同方言之间的转化、不同个人的个体语言之间的转化，甚至我们对自己思想的语言表述都可以看作翻译的一种。由此可以看出，作为哲学家的施莱尔马赫对翻译的阐释学解释——翻译即阐释，需要阐释的都可以归类于翻译。当然他也同时指出，他所关注、研究的翻译现象主要是指不同语言之间的转化。施莱尔马赫认为人类的存在和思维受语言制约，反之，人类活动（文学活动、表达）又对语言产生影响，他认为思想与语言之间是一种辩证的关系。作为阐释的翻译必须建立在对原文本理解的基础之上。而对文本的理解有两个条件：对文本所使用语言精神和原作者语言特点的理解、对原作者情感和思维方式的理解。他把翻译的定义上升到了哲学的角度，从阐释的角度看待原文本，为此后对译者主体性的研究提供了哲学理论基础，因为译者作为阐释的主体，必定会对译作产生影响。

在给出翻译的定义之后，施莱尔马赫又对翻译进行了分类，他认为翻译可以分为两大类：口译（用于商业用途，实用翻译）和笔译（科学和文学作品的翻译）。后者才是他要讨论的问题。他认为只有科学和文学作品的翻译才值得研究。有的学者便因此批评他轻视口译，没有看到口译也具有其自身的特点与规律，认为“虽然他是第一个区分口译和笔译的理论家，但他对口译所持的观点是错误的”（谭载喜，2004：64）。然而笔者认为，作为哲学家的施莱尔马赫，他所关注和感兴趣的是译者在翻译过程中对文本意义的阐释，翻译（口译）过程中的具体翻译技巧问题不是他的研究对象，这或许可以解释为什么施莱尔马赫没有把口译列入他的研究范围。

《论翻译的方法》一文的核心内容是施莱尔马赫提出的“两种翻译方法”：“要么是译者尽量不打扰作者，让读者走近作者；要么是尽量不打扰读者，让作者走近读者”（Schulte and Biguenet，1992：42）。对于这两种方法，施莱尔马赫倾向于前者，也就是我们现在所说的“异化”的翻译。我们下面将深入分析其思想形成的语言哲学基础和时代背景，以探寻其翻译思想的形成原因，并对他的翻译理论做更深入、明晰的解读。

1. 施莱尔马赫和他的两种翻译方法

施莱尔马赫认为，不管之前学者认为翻译方法分为“逐字翻译”和“意译”，还是“直译”和“意译”，抑或是其他什么分类，所有这些分类归根到底都属于他提出的“两种翻译方法”之一。他认为译文就是要让原文作者和译文读者最终走到一起，因此翻译的过程就是如何解决两者之间的关系的过程。

施莱尔马赫支持“让读者走近作者”的翻译策略，是与他的语言哲学观密不可分的，这也是支持其翻译思想的理论依据。受同时代德国语言学家洪堡特的影响，施莱尔马赫认为语言与思维密切相关，两者之间是一种辩证关系，互相影响；不同语言的词汇语义不完全对等；语言都有自己独特的韵律（节奏）。这些都是他反对“让作者走近读者”翻译策略，支持“让读者走近作者”翻译策略的主要理论依据。

施莱尔马赫的语言观与洪堡特非常相似，后者认为民族的语言即民族的精神，民族的精神即民族的语言。语言的差异不是表面声音和符号的差异，而是民族世界观本身的差异。施莱尔马赫认为，伟大作家在作品中表达的思想和表达方式深受他们母语的影响，原文本不是他们思想的机械表达方式，更不是外在、独立于他们思想而存在。换言之，作家的思想、知识和表达方式在一定程度上是受其母语制约的。因此，那种要使“译作读起来像是原作者用译入语写作”的翻译策略是根本无法实现的。因为脱离了源语环境，进入译入语环境后，作者在源语环境下产生的思维和表达方式将不复存在，取而代之的将是在译入语环境中产生的全新的思维和表达方式。因此，我们也就无法要求作者写出和原作一样的作品，因为进入译入语环境后的作者已经不再是原来的作者，他的思维和表达方式已经发生了变化。既然无法让原作者走进译入语，走近读者，那翻译的方法就只能是“让读者走近作者”，让读者通过译者提供的语言形式去理解原作的真正含义。

施莱尔马赫认为，“即使是日常词汇中，也只有一小部分词语可以在不同语言中找到与之完全对应的词语”（Schulte and Biguenet，1992：50）。词汇之间的这种不完全对等在哲学作品中尤为明显。翻译哲学作品时，如果译者不愿意采取“异化”的翻译，让译作的语言词汇顺从原作，那就只能选择“释义”（paraphrase）的方法，因为源语与译入语词汇之间是不完全对等的，只能用解释的方法翻译一些词汇。而在施莱尔马赫看来，“释义”称不上是真正的翻译，因为这样的译文是不可能读起来像原作的，也无法在译入语的框架下完全传达原文本的智慧和原作者的学识。因此，不同语言之间词汇意义的不完全对等性也决定了“异化”翻译策略是翻译过程中更好的选择，它可以通过引入外来语等方式，在译入语中创造出与原文语言对等的词汇，从而更准确地表达原文意义。

施莱尔马赫也注意到了语言所包含的特有的“节奏”（rhythm）。这一点和尼采的观点非常类似，也有可能尼采受到此观点的启发。尼采认为，“翻译中最难传达的是语言的‘节奏’（tempo）：因为这种节奏根植于这个民族的民族性”（Schulte and Biguenet，1992：69）。施莱尔马赫认为，不同语言中的诗歌和散文都具有独特的节奏。如果采用“让作者走近读者”的翻译策略，要译作读起来像是原作者用译入语写作，那译文所蕴含的便是译入语的独特节奏，而丢失了原文在源语言中的节奏，这样的译文只会更大程度地损害原作的风格。所以，只有采用“异化”的翻译策略，才可以尽可能地保持原文的节奏，无损原文的风格，并为译入语带来新的表达方式。美国诗人埃兹拉·庞德（Ezra Pound）的《华夏集》中的诗歌翻译便是很好的例证。庞德注重传达原诗的节奏与意象，“采取一种背离译入语的翻译策略，即重视原诗的总体效果，尤其以表达美感经验来寻求原作者和译者思想感情的对等”（于艳华，2011：47-51）。译文中常见其运用不符合英语语言表达的语句。众所周知，他翻译的中国古诗推动了美国新诗运动的发展，其倡导的意象派诗歌运动也开启了英美现代诗歌的先河，其美学核心即意象。虽然在庞德时期“异化”翻译的概念还未真正提出，但他的翻译策略明显属于施莱尔马赫所提倡的“让读者走近作者”的方法。

通过从以上三个不同的方面解读施莱尔马赫的语言观，我们可以更清楚地理解他的翻译思想，理解他为什么推崇“让读者走近作者”（异化）的翻译，认为这才是翻译的理想方法。

施莱尔马赫的这些翻译思想显然是他在时代背景下思考更大问题的结果，其背后也有着比翻译本身更重要的思想。他曾在哈利大学学习，深受康德哲学的影响；其间又受德国浪漫主义的影响。处于世纪更迭之际的德国深受法国文学的影响，作为一名民族意识强烈的德国人，施莱尔马赫非常希望德国能拥有自己独特的文化和政治思潮。他认为发展德国自身文化的最有效的方法之一便是译介外国作品，通过在译作中保留外国作品语言和文化上特有的元素来丰富德语、德国文化和政治思潮。施莱尔马赫（1813）指出：“正如通过移植、引进大量外国植物，德国的土地越来越肥沃，气候变得更加温和宜人一样，我们知道我们的语言由于我们民族的懒散，发展甚慢，现在只有通过更多地接触各种不同的外语和文化，它才能得以丰富，

从而日臻完善。”（Schulte and Biguenet，1992：53）

施莱尔马赫的这些看法并非他凭空想象出来的，因为在德国历史上很多翻译作品都对德语发展产生过深远影响。16 世纪初马丁·路德翻译的《圣经》不仅仅对德语的发展影响深远，还推动了德国民族主义、思想启蒙和文化的发展，被认为“是西方翻译史上对民族语言的发展造成巨大而直接影响的第一部翻译作品”（谭载喜，2004: 64）。此外，洪堡特曾高度评价德国诗人克罗伯史托克（Klopstock）和弗斯（Voss）的翻译作品对德语的积极影响，认为“再高的评价都不过分”（Schulte and Biguenet，1992：57）。正是这样一个大的历史背景和时代现状使得施莱尔马赫坚信文学翻译作品会对民族语言乃至民族文化和思潮的发展产生积极而深远的影响。施莱尔马赫站在历史的高度，赋予了翻译更深远的意义，他认为“在宏观层面上看，这才应该是翻译真正的历史目标”（Schulte and Biguenet，1992：48）。无独有偶，法国翻译理论家安托瓦纳·贝尔曼（Antoine Berman）（1992）在其《异的考验——德国浪漫主义时代的文化与翻译》中，从翻译伦理学的角度也提出了类似的观点，他认为翻译是一种传播行为，翻译承担着促成不同国家和民族之间对话的任务，因此翻译最重要的任务是传达原文和传达原文与译入语的差异，从而使译入语国家的语言和文化得以丰富。“让读者走近作者”，即“异化”的翻译策略，更能体现源语的差异性，显然更利于实现翻译的历史目标。

2.“让读者走近作者”的社会文化条件

一些学者认为，虽然施莱尔马赫在提出两种翻译方法的同时，表明了他对“异化”翻译的支持，但是其态度不够鲜明。陈德鸿指出，“可以说施莱尔马赫突破了传统讨论直译和意译的界线；可惜的是，在同一段文字里面，他又认为译者必须在两个译法之中选出其中一个，然后贯彻始终。这是他的理论美中不足之处”（陈德鸿、张南峰，2000: 20）。韦努蒂也曾批评施莱尔马赫未能理直气壮地倡导“异化”

的翻译。

然而笔者认为这种观点有失公允，施莱尔马赫之所以认为“让作者走近读者”翻译方法也可能成为译者的一种选择，是因为他充分认识到了“异化”翻译所面临的困难。他指出译者最大的困难是在保持译作“洋气”（foreignness）时，又不能使译作语言与译入语的规范相差太大。否则，译者将会受到读者和专家的指责，他们会批评这样的译作不符合译入语的语言规则，会破坏译入语的纯洁性。对于此种境况，施莱尔马赫一方面指出，尽管困难重重，我们还是不能否认“让读者走近作者”（异化）翻译方法的积极作用，要求译者在翻译的过程中对“异化”的度进行把握。另一方面，他提出了“异化”翻译被接受、认可的两个社会文化条件：“第一，外国作品认知度较高，且受大众欢迎；译入语（对外来语）具有一定的包容、适应性。”（Schulte and Biguenet，1992：48）在具有了这两个条件后，“异化”翻译产生的作品将为人们所接受，因为它不仅会促进译入语国家的语言和文化的发展，还会给人们带来不同于本族文化的文学享受，因为“异化”翻译出的作品中的文学陌生化，更符合人们对异域文学的美学期待，

施莱尔马赫提出的这两个条件特别值得我们重视，它们是真正理解施莱尔马赫两种翻译方法与其翻译思想的关键。正是因为忽视了这两个条件，才造成了之前的一些研究对施莱尔马赫翻译思想的评判不够全面。尽管施莱尔马赫支持的是“异化”的翻译，但他默认了在这两个条件不具备的情况下，“让作者走近读者”的翻译也可以成为一种选择。这就可以解释他为何在文中曾经提及在翻译的过程中，译者必须只能在两种策略中选择其一，并贯彻至终。

3. 施莱尔马赫翻译思想的现实意义

自1813年施莱尔马赫提出两种翻译方法，迄今200余年已经过去了。世界各地的文化交流、不同语言之间的文化转换日益密切，整个社会环境已经发生了翻天覆地的变化。文学作品也从单一的纸质传

播形式，发展到今天的影像、电子图书传播，科技缩小了民族之间的距离，文化传播与交流随处可见，因此文学作品的翻译需求也日益增多。然而在外部条件发生巨变的同时，施莱尔马赫翻译思想的理论基础并未过时，其语言哲学观仍适用于当今社会。语言与民族和民族的精神紧密相连、相互影响，因此“异化”翻译依然是真正翻译的理想选择。历史也已多次证明，中华民族文化的伟大复兴不是故步自封，更不是抱残守缺，而是以伟大的胸襟吸收一切对于自己文化、文明有益的养分，弥补自己的不足，改造自己的劣根性。翻译是影响、推动民族语言和文化发展的重要途径。以中国为例，古代佛经的翻译对中国文化与民族思想的发展影响深远；五四时期新文化运动阶段译介的外国作品，也为现代汉语、当代文学和文化思潮的发展奠定了坚实的基础。鲁迅提出“拿来主义”，他认为译介外国作品，可以使我们汲取有益的外国文化，改造我们的国民性，从而重新推动和发展中国自己的新文化。李达、李汉俊、陈望道等人先后翻译了马克思的作品，为马克思主义的传播和中国人民的思想解放指明了方向；“文化大革命”之后，70 年代末中国开始实行改革开放的政策，同时各种西方现代思潮也被译介到中国，出版社大量地出版西方思想家和文学家的著作，极大地推动了 80 年代西方现代思潮在中国的传播。现象学、解释学、弗洛伊德主义、存在主义、西方马克思主义等开始走进中国的学术界，影响着当代文化和思潮的发展。

此外，随着文化全球化和互联网的发展，施莱尔马赫当年提出的“让读者走近作者”翻译方法为大众所接受的两个社会文化条件也日臻成熟，“异化”翻译面临的阻力也日渐式微。

“外国作品认知度较高，且受大众欢迎。”以中国为例，改革开放以来，尤其是进入互联网时代之后，新兴媒体技术和互联网为信息传播方式带来了革命性的变化。纸质图书已不再是阅读外国作品的唯一方式，电子阅览给人们带来了更多的便捷，网络下载更是让我们足不出户便可读到各种书籍。这使得越来越多的人可以阅读、了解外国作品。同时随着全球化进程的深化和中国的崛起，中国文化已开始在世界占据重要地位。外国人了解中国文化的热情越来越高，也更愿意阅读、了解中国的文学作品。在这样的背景条件下，与“归化”的翻译相比，“异化”的翻译更有利于把源语文化图式移入译入语文化，帮助译入语读者建立新的文化图式，甚至形成新的思潮。

“译入语（对外来语）具有一定的包容、适应性”。以汉语为例，“他者”语言与文化的进入，丰富了汉语言词汇，推动了汉语言语义的嬗变乃至新的社会文化现象的生成。在全球化进程中，汉语中的字母词汇、音译词越来越多，“WTO”“GDP”“CPI”等词汇在新闻报道中层见迭出。例如，在《大辞典》中，“情人”的基本解释有两项：（1）情谊深厚的友人。《文选·鲍照·玩月城西门廨中》“回轩驻轻盖，留酌待情人。”《李白·春日独坐寄郑明府》“情人道来竟不来，何人共醉新丰酒。”（2）心中爱恋的人。《张九龄·望月怀远》“情人怨遥夜，竟夕起相思。”《牡丹亭·写真》“也有美人自家写照，寄与情人。”（三民书局大辞典编纂委员会，1985：1642）而在现代汉语语境中，“情人”这个词语的含义发生了变化，单独使用时往往表示不正当的男女关系。西方的 Valentine’s Day 因其节日的起源传说和英语表达习惯（lover，意指情侣、爱人）被译作“情人节”。而在“情人节”这个语境中，“情人”不仅具有正面、积极的含义，并且回归其汉语的本来含义。随着西方情人节的流行，中国传统节日“七夕节”又受到了关注，且不论带有娱乐精神的大众文化主体从一定程度剥离了“七夕节”的原始内涵和仪式（如宗教意义、星辰崇拜、家族祈愿等），消费社会为了创造需求不遗余力地打造“情人节”景观，断章取义地阐释“七夕节”的文化功能。“七夕节”这一几乎被国人忽视的传统节日以“中国情人节”的身份重现——带着其一部分文化内涵重回大众的文化生活。在当今这个信息爆炸的时代，人们一方面可以在网络上接触、获取各种信息，另外一方面对新词和新文化现象的求解也变得非常简单，因此语言的包容性也达到了前所未有的程度。

由此可见，我们现在已经基本具备了施莱尔马赫当年提出的“让读者走近作者”翻译方法的两个社会文化条件，“异化”翻译的作品所面临的困难也相对较小。一方面大众对外语和外国文化具有了很强的接受能力，另一方面全球化进程是当今世界发展的大势所趋，

“异化”翻译方法也是顺势而为，会推动中外文化之间的交流与融合。在与外来文化的交融下，一方面通过译介外国作品，可以拓展我们的视野，让我们了解不同的文化图式，从而丰富和发展中国的民族文化；另一方面，把中国的作品译成外语，从而帮助其他国家的人民了解我们的文化，扩大中国文化的世界影响力，以使我们在世界文化论坛上获得更多的话语权。中国作为一个大国不应只是表面的经济崛起，而应是充分吸纳世界各种语言和文化的优秀成分，进而产生自己对于世界文化的影响，只有这样，中华民族的伟大复兴才不是空洞的口号。

通过分析、解读施莱尔马赫的翻译思想，我们对其两种翻译方法以及“异化”翻译的社会文化条件有了更深入的了解。这对我们当代的翻译理论研究具有两方面的积极意义：一方面，在分析翻译现象和解读翻译史时，不再只从文字角度探讨两种方法的高低，而是能联系具体时代背景，尤其是施莱尔马赫提出的两个社会文化条件，去客观地解析具体案例；另一方面，结合全球化的时代背景，坚持“异化”翻译的策略，才能实现翻译的“历史目标”——推动民族语言乃至民族文化和思潮的发展。

参考文献

Berman, A. *Experience of the Foreign: Culture and Translation in Romantic Germany*. Translated by S. Heyvaert. Albany: State University of New York Press, 1992.

Schulte, R. and Biguenet, J. *Theories of Translation: An Anthology of Essays from Dryden to Derrida*. Chicago and London: University of Chicago Press, 1992.

Venuti, L. *The Translator's Invisibility: A History of Translation*. New York: Routledge, 1995.

陈德鸿、张南峰. 西方翻译理论精选. 香港：香港城市大学出版社，2000.

辜正坤. 世界名诗鉴赏词典. 北京：北京大学出版社，1990.
三民书局大辞典编纂委员会. 大辞典. 台北：三民书局股份有限公司，1985.
谭载喜. 西方翻译简史（增订版）. 北京：商务印书馆，2004.
于艳华. 翻译伦理视角下的庞德汉诗英译探索. 外国语言文学，2011（1）：47-51.

Foreignizing translation and national culture enriching
—Reinterpreting Schleiermacher’s translation theory

Abstract: The discussion of “foreignizing translation” and “domesticating translation” has re-entered into our view recently. And the paper aims to analyze the German philosopher, Friedrich Schleiermacher’s translation theory from the aspects of the definition and classification of translation, methods in translating, and the functions of translation, by restudying his “On the Different Methods of Translating”. By analyzing concrete translation examples and the present globalized context, the paper re-emphasizes and extends the practical meaning of Friedrich Schleiermacher’s translation thoughts in reforming national culture and tempering the essence of national civilization.

Key words: forcignizing translation, domesticating translation, Schleiermacher, national culture

（此文发表于《学术探索》2015 年第 6 期）

道器并重的“中国路子”

——论潘文国“文章学翻译学”的理论与实践

林元彪

摘　要：中国崛起、中华文化的复兴和海外传播迫切需要一套能够解决中国翻译实践及研究需要的“中国特色翻译理论”。潘文国认为，面对中国语言文化的厚重传统，这一特色翻译理论必须以“文章之学”为基础，故名之曰“文章学翻译学”。潘氏的文章学翻译学理论继承文章学研究传统，执“信达雅”之说为“道”，并以“义、体、气”之“三合”指导翻译过程和翻译批评。这一“道器并重”的文章学翻译学理论有助于深化翻译研究和实践的“中国路子”。

关键词：中国路子；潘文国；文章学翻译学；译文三合义体气

1. 引言

在最近发表的一篇翻译研究论文上，华东师范大学终身教授潘文国先生对自己的“研究领域”做了如下排序：理论语言学、对比语言学、汉语语言学、翻译理论与实践。其实，这位“学问真正是涉及了古今中外”的“语言学家”2013 年还获得了中国译协颁发的“中国资深翻译家”荣誉称号，因为潘文国先生对中国的翻译事业、翻译学科、翻译人才培养和翻译理论研究做出的巨大贡献绝不亚于其全面开花的各项语言学研究。目前，国内对潘文国的翻译研究已经颇有规模，尤其是他的英汉翻译名作《赫兹列散文精选》引起了相当多的研究兴趣[①]。

本文继续研究潘文国的翻译理论与实践有三层意义。第一，弘扬潘氏立足本土、构建“中国特色翻译理论”的学术创新意识和志趣。是否需要“中国特色翻译理论”？2014 年 7 月 29 日成立的“中国翻译研究院”就是最有力的肯定答案。如果西方的翻译理论能够解决中国的翻译问题，还有必要设立这样一个机构吗？而明确的“中国问题意识”正是潘氏翻译理论研究的灵魂。第二，补充介绍潘文国最新、最成熟的翻译理论研究成果。正如十余年前首位“潘文国翻译研究”学者所论，潘文国对翻译研究的兴趣实乃“后来居上”（冯智强，2004），而从理论研究的系统性和创新性来看，潘氏在“中国特色翻译理论”建设方面更全面、更深刻的思考则又以近数年为最。这是现有研究未能及时跟上的。第三，揭示潘文国翻译理论与实践的“文章学”内核。潘氏的翻译理论与实践，甚至包括相当一部分的重要“语言学”研究，根植于雄霸中国古代语言研究数千年的文章之学，而这一传统现在几乎已经断裂。当然，现有的部分研究也表达了“文言”在潘氏翻译当中的运用，但这些认识仍然比较朦胧，至少不能说是“充分”的研究。而潘氏的翻译理论更多针对典籍英译，更是这些研究没有注意到的重要事实。

为此，本文从梳理潘文国先生对传统文章之学的发掘入手，进而着重介绍并分析其最新提出的“文章学翻译学”之理论源头、概貌和关键内核，最后通过例析潘氏经典译著《Philosophical Maxims of 2000 Years Ago 二千年前的哲言》的文章学翻译方法，证明这一理论在翻译研究和翻译实践上的价值，以期唤起学界对传统文章之学以及潘氏彰显中国特色翻译理论风采的“文章学翻译学”的进一步研究。

---

① 中国知网目前已经收录了 10 篇研究《赫兹列散文精选》汉译策略的专论。

2. 中国路子：潘文国对“文章之学”的发掘

“为中国语言建设服务”是潘氏语言研究的“终极目标”（潘文国，2007a；潘文国，2007b）。这种“中国问题意识”也是从马建忠到赵元任、从王力到吕叔湘等中国近当代伟大语言学家一脉相承的优秀学术传统。而潘氏的更突出贡献在于，始终注意探索发展中国自身语言研究的“中国路子”，他对传统“文章之学”的发掘，正是其中重要的一种。

潘文国有着深厚的古汉语研究学术背景，他对文章学传统的发掘与对古诗文传统的深刻认识有着“路子”（approach）上的必然关系。潘文国最早的文章学研究成果[①]是1999年出版的古文选注本《文三百篇》。该书前言部分系统论述了一套新的文章评点标准，提出五种“美文”：“情美”“境美”“意美”“韵美”“语美”，并对每一种进行了文章学的理论溯源（潘文国，1999：3-5）。“五美说”融会了古代文章学“阳刚”“阴柔”“经脉”“意境”“趣味”等经典术语，既体现了传统文章学特有的、融语言学与文学一体的方法，又贴近现代文艺学文学研究的理论视角，是对传统文章学的创造性继承。作为《文三百篇》的选文标准，“五美”实质上就是文章评点的理论框架，是正统的古典文学研究的“中国路子”。

几乎同时，潘氏又将这种融语言学与文学于一体的文章学方法拓展到翻译领域。就在《文三百篇》出版的同年，潘文国的英汉翻译名作《赫兹列散文精选》付梓出版。这部译著是利用“中国路子”解决“中国翻译问题”的成功尝试。在文本分析方面，潘文国运用“五美”标准对赫兹列原作进行了“相似性想象”，并归纳出“阳刚为主、兼具阴柔”的风格特征和“平实”的语言特点（潘文国，1999/2010：ix）。而在翻译策略方面，最为学界称道的则是他对“论语体”“骈

① 这里“最早”指的是“成体系的创见”，不包括潘氏早至1983年的前期研究成果。

体”“赋体”等“古文笔法”的综合运用，解决了现代汉语在“美化的文学”方面表达力有限的困难。事实上，潘氏所做的风格的相似性想象以及文体的综合运用，都是传统文章学的经典理论话题。而且，文章学对汉英典籍翻译更具有从宏观到微观的理论和实践价值，本文将在第三部分结合潘氏的翻译实例专门论述这些问题。

在对比语言学方面，潘氏的对比语言学理论体系事实上是在文章学的基础上实现完备的。以《汉英语对比纲要》为代表的、深有“语言哲学”色彩的早期论述，虽然可以目之为中国汉英语对比宏观研究的最高峰，但较之 2007 年发表的《英汉语篇对比与中国的文章之学》以及 2012 年发表的《寻找自己家里的“竹夫人”——论中西语言学接轨的另一条路径兼谈文章学》两篇长文则不难看出，潘氏最终把宏观对比研究的理论话语系统引回了“中国传统”。这两篇文章“致力于寻找、发掘自身的学术资源和传统”（潘文国，2012b），系统地阐发了依托传统的文章学话语系统开展对比研究的路子、方向、方法和体系，是潘氏对比语言学更彻底、更理论化的“中国路子”。笔者郑重地建议从事对比语言学的学者切不可忽视这两篇文章对《纲要》思路中所表达的“中国理论化”观点的强化。

在语文教学方面，潘文国发掘传统文章学“以读为基础、以写为训练核心”的语文教育方法，创造性地阐发了“读文写白”的语文教学理论。虽然学界对于外语学者应当提高中文水平、消除“两张皮”取得了一些共识，但对于如何提高中文这一关键问题，鲜有学者提出明确的主张。潘文国为翻译专业量身定制的《中文读写教程》走出了一条语文教育的“中国路子”，2010 年前后分四册出版。

尽管教中文也要讲“中国路子”乍听起来有些别扭，但它恰恰揭示了当代语文教学最大的观念误区和理论缺陷。“一百年以来，我们一直把汉语当做外语来教，这是造成语文教育效果不佳的重要原因。”（潘文国，2007c）试看中心思想总结、段落大意概括、结构划分、修辞手法分析，等等，哪一样不是“舶来品”？潘文国的《中文读写教程》却是地地道道的文章学办法：读——写。“中国传统语文教育主要做两件事：识字、做文章。”（潘文国，2007c）他为“翻译专业”

学生编写的这套教程采用了“文选阅读”“中文知识”“语言实践”三结合的体系。“文选阅读”和“语言实践”之间的关系，用翻译学术语来说是“平行文本”，用文章学的术语来说叫“文式”——照样子学，这是古人学习“制艺文”的经典办法；而“中文知识”则是衔接两者的必要桥梁。这种编写体例和语文教学理念是以往中文教材编写没有过的创新，闪烁着文章学的语文教学思想和翻译人才培养的先进理念。

综上，潘文国对文章之学的创造性发掘始于古典文学研究，跨界运用到翻译研究与实践、对比语言学、现代语文教学诸多方面，为一系列“中国语言问题”提供了“中国方法”。潘氏对文章学的创造性发掘并非只为实践方面“术”的问题提供中国的办法，他的努力还推动了上述三大领域“学”的理论发展，其中又以翻译学受益最多。

3. 道器并重：潘文国的文章学翻译学理论

潘氏的翻译理论，准确地说是他运用文章学对严复翻译思想理论化、体系化的成果。潘氏将他提出的理论体系名之曰“文章学翻译学”（潘文国，2011；潘文国，2012；潘文国，2014），表达的正是他对严复乃至中国古代译学的文章学传统的继承。

而潘氏对严复的发展和超越则主要体现在，对本来就“难”、不好捉摸的“信达雅”进行了理论提升，使之回归到文章学“德学才”的根本要求上，成为指导全局的翻译之“道”；同时深度结合历代文章学理论研究的优秀成果和自己的翻译实践及研究心得，提出了更具有操作性和实用性的“译文三合：义体气”指导翻译过程和翻译批评，从而完成了“道器并重”的“文章学翻译学”理论体系构建。

“文章学翻译学”在形而上层面的构建主要有两点：一是翻译的定义；二是翻译的根本要求。文章学翻译学对翻译的定义是“翻译就是做文章，因而要用做文章的方法来对待翻译”（潘文国，2011）。这也是文章学翻译学的基本精神。严复同样表达过这个意思：“三者乃文章正轨，亦即为译事楷模。”认真地、实事求是地检查中国翻译史和中国文学史，则可以发现，这并不是“新论”，而是自翻译在中国发生以来就一直存在的传统，是传统翻译理论研究的“模因”[①]。

较之“翻译即写作”“翻译即改写”等较为接近的说法，潘氏的定义更突出了“写”的“中国路子”：“做文章”是中国的概念，不同于西方的“文学创作”，也不同于一般的“写作”。差别在哪里？“做文章”总的要求是“为人先于为文”，同如孟子说的“养气”。潘氏强调用做文章的办法对待翻译，正如严复的“信达雅”一样，本质是对译者素养的高度重视，这是文章学翻译学对翻译的根本要求。

中国译论建立在传统文章学基础上，强调为人先于为文，走的是一条人文主义的道路。“信达雅”，其实就是“德、学、才”（“德”是清代乾嘉学者章学诚认为刘知几的“才学识”有所不足而加上去的），说的是“译事”，其实是对“译人”的要求。“信”强调了对翻译事业高度的责任感，说明翻译不是人人可做的。“达”强调达意即传译之不易，隐含了对两种语言文化知识的高要求，说明翻译不是人人能做的（严复另有一篇文章《论译才之难》可说为此条做了注脚）。“雅”强调文字当求尔雅，这是对翻译的高要求，更不是人人能做好的（潘文国，2014）。

潘氏的论述还澄清了学界的另一个误解——“信达雅”也不是翻译在具体操作层面的原则或标准。事实上，中国古人谈任何“人文学科”都不会直接从技术层面入手，这可以说是一个基本观察。更何况“三难”本就是严复自己感到难以做到的事情，如果要拿来作为标准或原则来执行，岂不是故意与自己为难？所以潘文国把“信达雅”归为文章学对“德学才”的根本要求，并认为“信达雅”是翻译追求的理想境界，是译者“道”的追求。这才是正解。

翻译学是“一门既是‘学’、又是‘术’的综合学科”（潘文国，

---

① 中国翻译史上不少伟大的翻译家都是不懂外语的，从道安到徐光启到林纾，如果翻译不是“做文章”，这些“翻译家”就根本无法做翻译！中国传统译论中的“失本—存质”“文—质”“名义”等讨论，都是在研究“翻译的写作任务”。（林元彪，2012：18）

2009)，成熟的翻译理论必须要同时解决“形而上”和“形而下”两方面的问题。“信达雅”是形而上的、全局性的东西，指导实践则需要根据具体对象和目标，提出更具有操作性和实用性的办法。这样，译者才有具体可持的方法，翻译批评者才有长短可量的标尺。但“具体对象和目标”又可以说是无穷尽的，如何才能统一于某个明确的体系？中国的文章学正是这样一门包罗万象的“语言研究”学问。潘文国从传统文章学研究的优秀成果当中提取了“义”“体”“气”三个最主要的方面作为统一具体问题的纲领。

“译文三合义体气”是对“译事三难信达雅”的继承和发展，同样从文章学的角度，对翻译过程和译文质量的检验提出了更具体、可操作的要求。“义”指的是译文和原文在意义上的契合，“体”指的是译文和原文在文体和形式上的契合，“气”指的是译文和译文在气势和文章内脉上的契合。“信达雅”是译者条件，“义体气”既是翻译原则，又是翻译标准。（潘文国，2014）

其中，“义合”是最低要求，“体合”其次，“气合”则是最高要求。“义合”包括三个方面：字辞义、组织义和系统义，其主要依据，依潘氏之说是刘勰《文心雕龙》的文章学理论，笔者追加一点：这也是中国古代以“经学”为代表的阐释学体系[①]。“体合”提供了掌握古代文体四大语言要素“韵、对、言、声”的标记特点，是典籍英译的形式辨析依据。“气合”比较多的属于“翻译的艺术论”。“气”是中国文章学的灵魂概念，一直是个难以说清的文章学核心术语，潘氏引刘大櫆简明扼要地指出“气就是音节的调配与句子长短的安排”。潘氏同时还提供了几个与“气”相关、适用于“翻译艺术论”的文章学概念：“神”——模拟他人口气；“阴阳”——作品和作家风格；“脉”——贯穿全文的线索或作者的思路；“味”——言尽意不止。所以，三者之间还有一层关系：义、体是语言层面的，气是艺术层面的。

① 戴震的《孟子字义疏证》便是这一阐释学传统的代表作。当然，“经学”也是传统文章学的重要一支，“八股文”的做法本身就与“经学”为一体。“圣贤书辞，非采而何”，刘勰更认为“经”是“文章”的重要源头。我们特别提出这一点是因为近当代以来“经学”被划入了“哲学”的范围，不明确提出来容易让人产生文章学翻译学没有“哲学”基础的误解。

上述可以看到，潘氏对“文章学翻译学”在翻译之“术”上的突破在于把文章学“合语言研究与文学研究为一体”的自有特点和深厚历史积累，系统地跨界运用到翻译当中。

潘文国提出“译文三合义体气”，有着相当漫长的探索过程，其中除了有上述对文章学优秀成果的跨界发挥，更有他自己实践心得作为基础。与绝大多数翻译研究学者不同，按照雅各布森（1956）提出的三种翻译类型来看，潘氏的“翻译研究”同时涉及了“语内翻译”（Intralingual translation）和“语际翻译”（Interlingual translation，or translation proper），又以古文今译、古诗今译等“语内翻译”为先，典籍英译等汉英“语际翻译”为重[①]。

潘氏的“语内翻译”实践和研究始于20世纪80年代中期，最有代表性的成果是1986年分六期发表的《古文今译六论》：一曰：“识字要真 选义要切”；二曰：“酒须醇正 瓶要更新”；三曰：“意仍其旧 序作调整”；四曰：“移情写真 更贵传神”；五曰：“减其宜减 增其必增”；六曰：“或述大意 或径搬用”。从文章学的角度看，“六论”实质上讨论了两个核心问题：义、气。义的方面包括了一（字辞义）、三（组织义）、五（系统义）；气的方面则有二（阴阳）、四（神）；六可以视作解决“不可译”现象的办法，属于“组织义”。

“六论”解决的是在白话里“重构”古文的问题，其实这也是典籍英译的主要任务。在某种程度上说，“六论”是从事汉英典籍翻译的基本功。潘文国也明确表示，“语内翻译与语际翻译在许多地方是相通的”（潘文国，2014）。从理解的角度看，读不懂古汉语自然压根译不了典籍；而从表达的角度看，正如林语堂所说：“英语言文一致，而骨子里是白话。”只不过，现代汉语还能容忍一些“文言”，把中国典籍译成英语则需要进一步的“白话”方法。

1998年，潘文国主译了曾获“上海市优秀图书特等奖”的《二千年前的哲言》一书。针对这部极有分量的先秦古籍名言汇编，潘氏

① 潘氏“翻译”（语内翻译和语际翻译）研究的起点是中国典籍，所以他谨慎地认为：“译文三合义、体、气”可以说是文章学翻译学为翻译，特别是中译外和典籍英译特别量身定制的“器”。至于它能否适用于别的翻译，还有待于实践的检验。（潘文国，2011）

明确说明："本书的英译，在传统译论'信''达''雅'的基础上，采用了'明白''通畅''简洁'三个标准。"（潘文国，1998：7）"明白"指的是在透彻了解原文的基础上，把原文的意思完整无误地用英语表达出来，以己之昭昭启人之昭昭。"通畅"指尊重汉英两种语言各自的特点，务求将艰涩的古汉语用流畅的现代英语确切地表达出来，不斤斤于语言结构表层的相似。"简洁"则是特别针对本书"语录体"特点提出的，力求使译文给读者相同的感觉。

细致对照，《哲言》这三条英译标准已能窥见"三合"的影子："明白"和"通畅"显然是"义"；而旨在"给读者相同语录体感觉"的"简洁"，明显同时涉及了"气"（神）和"体"（节奏）。再把《哲言》的英译标准与"六论"对照起来，我们完全可以说，以"译文三合义体气"作为文章学翻译学在"形而下"层面之"器"，也是潘文国30多年来从事具体翻译实践和翻译理论研究成果的"文章学化"，内核是传统的文章之学。

4. 文章正轨：潘文国的翻译实践

文章学翻译学认为"译文三合义体气"是翻译的操作手法，也是翻译批评的评价标准。我们从潘文国的经典译著《Philosophical Maxims of 2000 Years Ago 二千年前的哲言》中略举数例，并对照其他译本，在探讨操作方法的同时，也做一些翻译批评的尝试。

最能体现文章学翻译学对译者基本功力要求的是语言层面的"义合"和"体合"，又以"义合"为重。古文今译"六论"第一条也正是"识字要真 选义要切"。文章学翻译学要求译"义"而不是"意"。"意字字形从心，说明这个意义是主观的理解；而义更强调客观的意义。"（潘文国，2014）如何寻得客观的意义？"义合"给出了三个方法：一是就字识字，二是联系上下文识字，三是联系其他作品，寻找最合适的解释，亦即"经学"的语义阐释办法。试举一个能说明较多问题的例子。

[16.19] 14.42 子路问君子。子曰：“修己以敬。”曰：“如斯而已乎？”曰：“修己以安人。”曰：“如斯而已乎？”曰：“修己以安百姓。修己以安百姓，尧舜其犹病诸？”

孔子与子路这段对话说的是《礼记》“修齐治平”的思想，更重在“修”。“大意”并不难懂，但“义”就不那么轻易能看出，文字里的陷阱随处可见。首先，“君子”指的是什么人？介词“以”表达的是方式还是目的？怎么“安”？何以“百姓”就不是“人”了？为什么是并列的？看看潘氏的译文如何回答这些问题。

[16.19] Zilu asked what a superior man should do. // "He must cultivate himself ***so as to*** attain great reverence," said Confucius, his teacher. // "Is that all?" // "He must ***then*** cultivate himself ***so as to*** bring happiness and comfort to his subjects." // "Is that all ***then***?" // "***Finally*** he must cultivate himself ***so as to*** bring happiness and comfort to the whole people. ***Even*** the ancient sages Yao and Shun will find it difficult to accomplish ***such*** a task."[①]（潘文国，1998：176）

这段译文笔者最称赞的是未用一注就把所有的“义”讲得明明白白。“his subjects”说明“a superior man”实际上是“有位的大小君主”——要知道“修齐治平”在《礼记》里完整的逻辑是从“古之欲明明德于天下者，先治其国”开始的。“so as to”说明“以”表达的是目的——“在貌为恭，在心为敬”，“敬”是“心正”，无法用作方式；“bring happiness and comfort”说明“安”的具体方式——“安”在《论语》中凡17见，义项较多，最接近的是孔子回答冉有“既庶矣，又何加焉”时说的“富之”（13.9）。“the whole people”和“subjects”

① 中英文的着重号和标记均是笔者所加；方括号内的序号是原文在《哲言》英译本里的序号；“//”表示换行。下同。

相对，“百姓”即“天下”，而“人”即“臣僚”①。

不难看出，潘氏的译文说是“综合”运用了“义合”的手段绝不是客套话。做这样的翻译，一要有“译德”，肯下功夫去思考；二要有深厚的“学养”，能看得明，看得切。我们不妨拿另一本被牛津大学出版社称为“迄今最完美的”《论语》英译本做个对照。

14.42 When Zi-lu asked about the gentleman[1], the Master said, “He cultivates himself in reverence.”[2]// Zi-lu said: “Is that all?”// The Master said: “He cultivates himself in bringing peace to Men.”[3]// Zi-lu said, “Is that all?”// The Master said: “He cultivates himself in bringing peace to the hundred family names.[4] To cultivate oneself in bringing peace to the hundred family names—even Yao and Shun found it difficult.”// (Huang's notes: [1] Here refers to the sovereign. [2] The first step of the gentleman's cultivation is to cultivate himself in acquiring the rituals and revering himself. [3] The second step is to cultivate himself in bringing peace to the nobility. “Men” here refers to his clan, hence nobility. [4] The third step is to cultivate himself in bringing peace and good order to all the people in the empire.) (Chichuang Huang, 1997: 151)

我们首先注意到，黄继忠做的不是“懒汉翻译”，他译得很认真，态度上绝对没有问题②，但译文却有不少毛病。译文第一感觉读起来累：行文拖沓，译文 68 词，注释 66 词，加起来 134 词——潘氏的译文只有 71 词。

当然，最主要的问题还是“义”。第一，“in reverence”黄注“习

① “人”准确地说是“各级政府工作人员”。《论语》里有还有一处与此互文：子路使子羔为费宰。子曰：“贼夫人之子。”子路曰：“有民人焉，有社稷焉，何必读书，然后为学？”子曰：“是故恶夫佞者。”（11.25）

② 但他的方法却大有问题。史嘉柏（David Schaberg）说：黄译的缺点从开篇的“导语”部分即可看到，知识性错误和史实化约之陋病随处可见……术语的解释竟然引用《辞海》这类当代辞书的定义……David Schaberg. “‘Sell it! Sell it!’: Recent Translations of *Lunyu*”, *Chinese Literature: Essays, Articles, Reviews,* Vol. 23 (Dec. 2001): 115-139. 原文英文，笔者自译。用现代辞书来解释古书，这是不能原谅的方法错误。

礼得敬”（cultivate himself in acquiring the rituals and revering himself）说明他没有理解“敬”的方法不是“习礼”，而是“正心”。这一处错得厉害，后面两个“in”与宾语搭配均不当。第二，“修己以安人”译作“He cultivates himself in bringing peace to Men”，于“义”而言完全不通——难道君子统领的这些贵族们“整天内心不平和”或者“整天征战不休”以至于君子不得不每时每刻给他们送去“peace”？“安”译作“bring peace to”是译者自作主张的“意”而非文本之“义”。第三，“人”译作“Men”，注释作“家族、贵族”解均不切，与“义”几无相合——“例不十不为训”，《论语》里“人”字凡 220 见，都没有这层意思。此外，英文中与“Men”相对的多是“Women”，就着黄继忠的翻译，改成“his Men”也会妥帖一些。最后，“百姓”译作“the hundred family names”简直是个笑话，如此“直译”[①]，已经无须讨论了。

“圣贤书辞，非采而何”。14.42 这段文字还颇有文学色彩。子路是《论语》所载孔子门下个性最鲜明的一位弟子，《论语》里给孔子“脸色看”的只有子路[②]。这段选文刻画子路不善体悟、急躁但率真的性格相当成功。孔子回答“修己以敬”，子路却追问“如斯而已乎？”翻译成现代汉语大约是：“就这样就可以了啊？”说明他不仅没有理解“敬”的重要性，还直接表露出失望、看轻的态度。而他第二次表达失望和看轻之后，孔子把“尧舜”请了出来，显然孔子也有点不高兴了——孔子与弟子谈话提及“尧舜”，《论语》里一共只有两次。

从这个角度再看潘氏的译文，可圈可点的就不只是“义”之昭昭了，“体”和“气”也十分相合。短短 71 词的文字用了 5 个、8 次表达“脉”的衔接虚词：“so as to”3 次，“then”2 次，“finally”“even”

---

① 黄继忠的译本以“直译”自称，但尽管有牛津大学出版社的吹捧，译本在海外汉学界评价却不高。程艾兰（Anne Cheng）指出：回头再说文本阐释的问题，则黄继忠所谓的“直译”所指为何颇令人费解……不难发现，单看这部译著，封底言之凿凿的“博学”实在难以使人信服。载 *Bulletin of the School of Oriental and African Studies*, University of London, Vol. 62, No. 2 (1999): 387-388。原文英文，笔者自译。

② 一次是“子见南子，子路不悦”（6.28）。一次是“在陈绝粮。从者病，莫能兴。子路愠见曰”（15.2）。一次是“公山弗扰以费畔。召，子欲往。子路不说”（17.5）。笔者认为，《论语》当中，孔子与子路的师生感情最“真”。孔子也同样以真性情对子路，“子路使子羔为费宰”（11.25）可为一例。

“such”各 1 次。这是“体”的一方面，属于形式上的，但却直接影响到了“气”的艺术效果。我们明显能感到潘氏的译文读起来流畅许多，“then”“finally”“such”表达了两人的对话持续渐进而且围绕主题（“such”是个“回指词”，用得极好）的灵气。而黄继忠的译文只用一次“even”作为衔接，从“体”的效果看，是两个人没能有效地“对话”，当然更无艺术效果可言，甚至让人感觉对话双方有点呆——至少孔子有点呆，人家问他一句他答就一句，丝毫没有精气神。

“从事中文典籍外译，应该有勇气把传递原文的神气，并在外文中以适当的方式表现出来，作为自己的崇高追求。”（潘文国，2014）《哲言》英译本里成功传递原文神气的例子颇多，我们再举几个短小精悍的例子，但限于篇幅就不做详细分析了。

[1.2]苟日新，日日新，又日新。If you can renovate yourself for one day, do it every day. Then every day you will find yourself in a newer state.（按：试感受译语循循善诱、语重心长的味道）

[1.16]亦余心之所善兮，虽九死犹未悔！For what my heart thinks is fine, // I won't regret to die times nine.（按：注意用韵、节奏以及缩写“won't”带来的速度感和坚定感）

[3.18]所求于己者多，故德行立。He whose virtue is established makes more demands on himself.（按：译文转换技术精彩，完全换了一个判断角度，符合英语好从已知到未知的特点；试感受一位“智者”正授人以经验）

[4.19]盈科而后进。Water fills up every hole before it flows on.（按：冷峻的西方哲学味道）

[21.23]物壮则老。To reach prime is to reach oldness.（按：试与“To see is to believe”比较，感受格言的味道）

5. 结语

研究潘文国先生的文章学翻译学，笔者有个深切的感受：中国语言研究的宝贵传统就像一只装满甘泉的葫芦，在任何一个地方凿个孔都能得到一些滋润，但越往底层钻，得到的滋润肯定越长久。文章学就是这个葫芦庞大的底面，我们应该努力在这个部位钻。而潘氏的研究成果更让我们看到，“跨界运用”又可以为这只大葫芦注入新的生命力。中国的翻译研究问题，中国的翻译研究者应该有自己的办法。我们感谢潘文国先生的伟大探索，我们也应该继续“日新之、月异之”：If you can renovate yourself for one day, do it every day. Then every day you will find yourself in a newer state.（潘文国，1998：7）

参考文献

Cheng, A. “Book Review”. In *Bulletin of the School of Oriental and African Studies*. University of London, Vol. 62, No. 2 (1999): 387-388.

Huang, Chichung. *The Analects of Confucius, A Literal Translation with an Introduction and Notes*. New York & Oxford: Oxford University Press, 1997.

Jakobson, R. “On Linguistic Aspect of Translation Studies. In Venuti, L. (eds.). *The Translation Studies Reader*. London & New York: Routledge, 2000: 113 158.

Schaberg, D. “Sell it! Sell it!” Recent Translations of *Lunyu*. In *Chinese Literature: Essays, Articles, Reviews*, Vol. 23 (Dec. 2001): 115-139.

冯智强. 中西合璧后来居上——潘文国教授翻译理论与实践研究. 吉林师范大学学报（人文社会科学版），2004（5）：63-66.

林元彪. 文章学视野下的林纾翻译研究. 上海：华东师范大学博士学位论文，2012.

潘文国. 古文今译六论（1—6）. 载中文自学指导编委会. 中文自学指导（1—12）. 上海：华东师范大学出版社，1986.

潘文国等. Philosophical Maxims of 2000 Years Ago 二千年前的哲言（汉英对照）. 上海：上海古籍出版社，1998.

潘文国等. 文三百篇. 上海：华东师范大学出版社，1999.

潘文国. 译者前言. 载[英]赫兹列著，赫兹列散文精选. 上海：上海外语教育出版社，2010.

潘文国. 严复及其翻译理论. 载杨自俭，编. 英汉语比较与翻译（5）. 上海：上海外语教育出版社，2004：610-624.

潘文国. 关于外国语言学研究的几点思考. 外语与外语教学，2007（4）：1-7.

潘文国. 英汉语篇对比与中国的文章之学. 外语教学，2007（5）1-5.

潘文国. 100 年来，我们用教外语的方式教母语. 南方周末，2007（1215）.

潘文国. 译学研究的哲学思考. 中国外语，2009（5）：98-105.

潘文国. 文章学翻译学刍议. 载汪榕培、郭尚新编. 典籍英译研究（第五辑）. 北京：外语教育与研究出版社，2011：2-10.

潘文国. 中国译论与中国话语. 外语教学与研究，2012（1）：1-7.

潘文国. 寻找自己家里的“竹夫人”——论中西语言学接轨的另一条路径兼谈文章学. 杭州师范大学学报（社会科学版），2012（3）：93-98.

潘文国. 译文三合：义体气——文章学视角下的翻译研究. 吉林师范大学学报（人文社会科学版），2014（6）：93-101.

The continuation of Chinese traditional approach towards translation studies
—On Pan Wenguo's "three matching" theory of translating and translation

Abstract: The tradition of translation in China was rooted in writing studies, or *wenzhangxue*, the most important Chinese academic tradition of language and poetic studies long known for its integrative humanistic demand on scholars' morality, scholarship and literary capability. In fact, Yan Fu's much controversial observation "three difficulties in translation" was not anything about a workable set of translation principles, but a direct heritage and a compact theoretical summary of such academic lineage. Thus were built the humanistic fundamentals of Chinese writing-based study of translating and translation. However, it is not until recent years, when Pan Wenguo re-discovered the true meme of Chinese traditional translation ideas, that Yan Fu's speculation assumes a workable framework. By arguing "three matching in meaning, genre and literary strength", Pan suggests a concrete set of principles for translation process and translation criticism in the light of traditional writing studies, bringing Yan Fu's fundamental observation into full functionality. Pan's "three matching" theory has been found especially true and useful in guiding and assessing the translation of Chinese ancient classics.

Key words: Chinese approach, Pan Wenguo, writing-based study of translating and translation, "three matching in meaning, genre and literary strength"

（此文发表于《外语教学理论与实践》2015 年第 2 期）

西蒙娜·德·波伏瓦的多重形象及其在中国的接受

沈珂　许钧

摘　要：不同寻常的爱情经历，对写作和文字的热爱与执着，对女性的关注与思考，西蒙娜·德·波伏瓦便是这样一位特立独行又兼具多方面才华的女性。她的多重独特性也构建起了她在接受过程中的多重形象。当作为“女人”、作为“存在主义女作家”、作为“女权主义教母”的波伏瓦形象传播到中国，中国评论界与普通读者在接受过程中对不同侧面的波伏瓦表现出了不尽相同的热情与关注度，其不同侧面形象的接受也因而呈现出截然不同的特点。

关键词：西蒙娜·德·波伏瓦；形象；接受

提起西蒙娜·德·波伏瓦这个名字，人们的脑海中便会浮现出一位特立独行的女性形象。的确，波伏瓦是独一无二的，她的独特性体现在多个侧面，由此也构建起了这位独特女性的多重形象。作为女人，波伏瓦爱过，也被爱过，她与存在主义的创始人、法国著名文学家及哲学家萨特演绎了一段不同寻常的文坛奇恋，他们终身未婚，却相互扶持、相伴一生，逝世后又合葬在蒙帕纳斯公墓，供后人凭吊怀念。作为女作家，波伏瓦创作了《女宾》《他人的血》《人都是要死的》等一系列小说，并完成了颇有文学史料价值的几部回忆录，她将存在主义对人本身、对人的存在、对他人与自我的关系等多方面问题的思考以文学的形式加以表现与阐释，并最终以《名士风流》一书于1954年获得龚古尔文学奖，其文学才华得到了文学界和普通读者的充分肯定。作为“女权主义的教母”，波伏瓦历时三年时间完成的《第二性》几乎用白描的手法描述了女性的生存状况，并深入分析了女性沦为“他者”、成为男性附庸的深层次根源。《第二性》曾一度在世界范围内鼓舞了无数妇女与妇女运动，甚至被西方女权运动奉为女性的“圣经”，而其作者波伏瓦也因此在后人的评介和叙述中与“女权主义”这一名词结下了不解之缘。

“女人”“女作家”“女权主义的教母”，多重形象集于一身，波伏瓦展现在世人面前的便是这样一位多面的女性形象。这些头衔于波伏瓦而言，既是与生俱来，也是后天塑造：与生俱来的性别，与生俱来的气质，与生俱来的才情；后天塑造的思想，后天塑造的爱情模式，后天塑造的符号化意义。“与生俱来”与“后天塑造”所形成的波伏瓦的多面形象在法国、在世界，被翻译、被介绍、被传播。在中国也不例外，无论是专业的评论者，还是普通读者，对波伏瓦的爱情、作品和对女权运动的贡献都有所了解。然而，多面的波伏瓦，其不同侧面形象的接受却呈现出截然不同的特点。本文旨在梳理波伏瓦多重形象在中国不尽相同的接受历史和现状，与此同时对其背后的成因进行探究和分析。

1. 聚焦爱情——作为“女人”的波伏瓦

“爱情”这一世间的永恒主题同样也贯穿着作为女人的波伏瓦的一生。尽管也许爱情的对象并不唯一，但无论如何，萨特是波伏瓦情爱人生中当之无愧的男主角。纵使他们之间那份强烈的爱并不曾维系一生，纵使他们两人都曾有过匆匆而过的爱人，纵使他们有过不合，有过争执，也有过分离，但最终他们依然不离不弃，携手走完了人生，并且长眠在了一起。若暂且将波伏瓦的独特性弃之一边，单纯从爱情本身的角度去审视，波伏瓦是幸运的，也是幸福的，因为至少她遇到的不仅是爱人，也是知己，他们相知相守，虽然没有婚姻的保障，却也是终生相伴的承诺。

波伏瓦与萨特的爱情一直也是关注波伏瓦、关注萨特、关注存在主义的读者的话题之一，中国学界也同样不可避免地将聚焦点置于两人的爱情神话之上，并对此展开了不同程度、不同侧面的评介。以专业的眼光所做出的评介对普通读者看待波伏瓦作为女人的形象、看待波伏瓦与萨特两人不是夫妻又似夫妻的关系起到了引导和影响的作用。国内对波伏瓦这一形象的评介与接受大致呈现出三个特点，下面分别展开分析。

1.1 “奇特”成为描述波伏瓦与萨特情爱关系的关键词

从20世纪末至今，用“奇特”二字来描述波伏瓦与萨特之间情爱关系的评论屡见不鲜，既有有理有据的论述性文字，也不乏动情的感悟式随想。李杰的《生命的激情——萨特与西蒙·波伏娃的奇特恋情》一文在回顾两人“初涉爱河”的瞬间之后，从他们“爱情生活”的模式、“三人家庭”的构建与瓦解以及波伏瓦与萨特的爱情信仰，即“爱情是一种事业”三方面论述了这段情爱关系的不同寻常。从论述中，我们大致可以将“奇特”做几方面的阐释：首先，他们相爱却不结婚，即使忍受分离的煎熬，也坚定地选择不结婚；其次，签订爱情“租约”：爱对方，互不欺瞒，但绝不干预对方的自由，以自由地体验各种不同的婚姻形式中的生活；再次，超越爱情的排他性，构建“三人家庭”。然而，如此“奇特”的恋爱形式却有着更为深刻的“奇特”根源，那就是“了解世界和表现世界，这既是萨特一生的目的，也是西蒙·波伏娃一生的目的。要是没有这种人生目的的一致性，不要说西蒙·波伏娃的平静难以理解，就他们之间那种爱情模式也是不可能的，难以理解的”[①]。如果说，人生目的的一致性是波伏瓦和萨特书写“奇特”恋情的前提，那么相同的信仰和对事业的执着则是维系这份关系的保障：“萨特和西蒙·波伏娃的爱情是他们存在主义

① 李杰：《生命的激情——萨特与西蒙·波伏娃的奇特恋情》，《当代作家》，1996年第1期，第124-132页。

的生活实践，是他们存在主义观念的现实化。”由此可见，波伏瓦和萨特爱情是由难得的“一致性”所创造的“奇特”，而这样的一致性却并非人人可以效仿的。所以说，“萨特与波伏瓦，是人类情感关系史上的一种极端，一个特例”①。

李杰的描述和分析较为全面地覆盖到“奇特”爱情的多个方面，也代表了大多数中国评论者对于这段情爱关系的印象和观点。如同年发表在《现代妇女》上的《本世纪最奇特爱情的女主角》，尽管叙述的侧重点放在了女主角波伏瓦身上，但依然是对两人爱情轨迹的追溯②；《萨特与波伏瓦的奇特恋情》（《星火》，2005 年第 17 期）同样也是对他们相识、相恋、相知过程的点滴回顾。即便在 2008 年，即纪念波伏瓦百年诞辰之际，杜青钢也用了“bizarre”（不同寻常的）、“insolite”（奇特的）、“dissidente”（叛逆的）三个形容词来描绘波伏瓦和萨特之间的关系③。

专业评论者不断地用“奇特”来概括波伏瓦和萨特的恋情，既然我们对“为何奇”或“奇在何处”这个问题已有所认识，那么我们不禁要追问：中国的评论者何以钟情于用“奇特”二字来对这段情爱关系做出概括？答案当然离不开中国这块接受土壤的作用。尽管开始时波伏瓦与萨特这样的契约化的伴侣关系为法国社会所不解、所诟病，但是“当时光之水慢慢流淌了 70 年以后，这种由萨特和波伏瓦共同开创的契约式婚姻，得到了法律形式的认可。上个世纪末，即 1999 年 11 月，性情浪漫的法兰西人通过一项立法，确立了一种介于婚姻与同居之间的新的生活形态——亚婚姻”④，因此这样的情爱关系逐渐被法国社会理解、认可并接受。与法国更为强调个体和个性张扬的价值观相比，中国社会所坚守的依然是以家庭为主导的爱情和婚姻价值观，即便是在现今更为现代化和开放的 21 世纪，“成家立业”也始

① 汪淏：《不与心爱者结婚——萨特与波伏瓦的爱情札记》，郑州：郑州大学出版社，2007 年，第 100 页。

② 西村：《本世纪最奇特爱情的女主角》，《现代妇女》，1996 年第 3 期，第 10-13 页。

③ 杜青钢：《对萨特与波伏娃之间关系的再思考》，《法国研究》，2008 年第 4 期，第 64-68 页。

④ 汪淏：《不与心爱者结婚——萨特与波伏瓦的爱情札记》，郑州：郑州大学出版社，2007 年，第 49 页。

终是主流的爱情归宿。传统的爱情观和婚姻观是千年历史积淀的结果，在短时间内恐难改变。正是这种价值体系上的差异决定了中国的评论界或是中国的读者不可能以一种平常的眼光去看待这段绝不平常的爱情以及这种维系爱情的方式。“奇特”，即奇怪又特别，如果说“特别”是对波伏瓦和萨特恋情的客观描述，那么“奇怪”显而易见是对这段关系所产生的感受，或者说对此所下的判断。因为与中国传统价值的异质性，认为这样的爱情及这样的爱情模式“奇特”也就不足为奇了。

1.2 对“自由情侣”的判断成为论战的焦点

评论界在对波伏瓦和萨特情爱关系的描述上所表现出来的高度统一性并没有延续到对“自由情侣”真实关系的分析和价值判断上。就自由情侣的神话意味以及波伏瓦作为女人在这样的关系模式中所扮演的角色，不同的评论者各抒己见，展开了一场火药味十足的论战。

首先是对“自由情侣”的剖析。李美皆撰文《自由情侣的神话》，用两大论据彻底颠覆了“自由情侣”的自由内涵。她认为，萨特和波伏瓦的爱情是依约进行的，而实际上，他们之间所订立的条约是一个不平等条约。理由有二：其一，双方的自愿程度不一样，这个貌似平等的条约实际上等于萨特的单方面声明，或者说霸王条款，波伏瓦只是被迫同意而已。要想不失去萨特，她就必须这么做，别无选择。其二，这个条约在外在的平等中蕴含着内在的不平等，因为男性和女性对待爱情的态度、投入爱情的程度以及对于爱情的期望是有差异的，这个条约没有尊重这种情感差异，所以波伏瓦不可能获得真正的平等[①]。这两大论据足以解构这一爱情神话，但是文章通篇更多体现的是撰文者的主观判断，并没有以很多史料或当事人的言说、文字作为依据，这也成为该文被其他评论者攻击的软肋。因此白军芳从性别文化的高度揭示了“爱情间的两性关系并非概念上的绝对平等”。她主张，只要认真阅读他们的作品和传记，就会发现：他们最看重的是：

① 李美皆：《自由情侣的神话》，《文学自由谈》，2005 年第 5 期，第 54-64 页。

自由！——思想的自由，行为的自由，爱和性的自由[①]。也许论战的意义并不在于争个孰是孰非，而是为读者多提供一个看待问题的视角，多提供一种解读作者、解读作品的可能性。

若是从这个角度去考察施依秀和黄忠晶之间的文字之战，则能够给我们更多的启示。论战起源于黄忠晶的《并非为萨特和波伏瓦辩护》[②]。作为多年从事萨特研究和存在主义哲学研究的专家，黄忠晶在掌握翔实资料的基础上，驳斥了称萨特为伪君子、假道学、大男子主义者，称波伏瓦为萨特拉皮条等诸多对二者难以成立的负面论断。而施依秀从该文出发，还原了作为女人身份、作为智性女人的波伏瓦，并试图分离萨特和波伏瓦，以此构建波伏瓦的独立价值。诚如作者所言，撰文的目的在于"针对（黄忠晶）文章中提及的许多材料，提供另一种理解，我说的这个理解是不是就是波伏瓦本人，我不能证明，但是我试图还原的是一个活生生的女人，在所有名誉和桂冠的光环之下的女人。"[③]黄忠晶继而质问"评论历史人物岂可仅凭想当然"，以此作为对施文的回应，他依然坚持以资料为根本，用事实来说话的原则对施文中的诸多观点提出了质疑和反驳。而面对浩瀚的资料，黄忠晶还是保持辩证的态度："任何资料都有两重性。首先，这些资料是客观的。……掌握这些客观事实是研究他们的基础。如果连基本的事实都不了解就去妄谈一个人，那既是对这个人的亵渎，也是对读者的误导甚至欺骗。"[④]从两位作者的目的来看，这场论战是一场善意的论战，双方所捍卫的是自己认知范围内的波伏瓦形象，所期待的是为读者带去多维度又不乏理据的认识视角。

1.3 改变波伏瓦作为"萨特的女人"形象的尝试

袁筱一曾在《文字·传奇——法国现代经典作家与作品》一书专为波伏瓦所辟的一章中提出过这样的问题：如果波伏瓦没有萨特，

---

① 白军芳：《对"情侣神话"拆解之拆解》，《文学自由谈》，2006 年第 2 期，第 129-135 页。

② 黄忠晶：《并非为萨特和波伏瓦辩护》，《书屋》，2002 年第 9 期，第 49-53 页。

③ 施依秀：《作为女人的波伏瓦》，《粤海风》，2003 年第 4 期，第 24-30 页。

④ 黄忠晶：《评论历史人物岂可仅凭想当然——对〈作为女人的波伏瓦〉之回应》，《粤海风》，2004 年第 1 期，第 44-47 页。

她还是波伏瓦吗？或许不是。但是，反过来问，如果萨特没有波伏瓦，他还是萨特吗？或许是[①]。尽管历史不存在假设，波伏瓦已是遇到了萨特的波伏瓦，而萨特也是与波伏瓦共同度过人生的萨特，但这样的假设与回答却透露出一个大多数评论者和读者心目中的事实：波伏瓦之所以能成为如今我们所认识的这样一位独特而又伟大的女人，归根结底的原因来自萨特。波伏瓦的灿烂与芬芳是在萨特智慧的浇灌与培育下释放的：在情感上，她深爱着萨特；在生活上，她照顾萨特；在思想上，她追随萨特。

这一认识的形成无疑与存在主义在中国的传播轨迹紧密相连。20 世纪 40 年代，中国便开始了对存在主义文学的译介，而萨特作为存在主义的主将和旗手，自然是译介的主要对象[②]。波伏瓦自然也是随着对萨特的介绍而被中国读者所认识、所熟悉。黄忠晶曾就萨特的情感轶事著书，书名为《爱情与诱惑——萨特和他的女人们》。暂且不论书中内容，从书名上看，我们得到的信息是，“萨特的女人们”必然有波伏瓦，而波伏瓦也只是作为“萨特的女人们”的其中之一存在着。也许唯一能体现波伏瓦区别于萨特的其他女人的优势便在于，作者用了两章的篇幅（其他的都只是一章）来描述这不同寻常的“那一半”与这段“超越性爱”的爱情。所幸的是，书中的陈述并没有将波伏瓦贬低到萨特的情妇、代理妻子，甚至厨娘、护士之类，而是客观地讲述了两人从初识、相爱到共同思想、一起战斗的经历。作者最后对萨特与波伏瓦的关系做了这样的总结：“与（海德格尔和阿伦特）这一对情人相比，萨特同波伏瓦之间的平等相待就显得更加明显。萨特从来没有从思想上支配过波伏瓦，他们经常相互辩驳，有时甚至争论得脸红脖子粗。……萨特和波伏瓦在思想和写作上总是相互扶助，他们任何一个人的作品实际上都可以看成共同的产物，他们互为第

---

① 袁筱一：《文字・传奇——法国现代经典作家与作品》，上海：复旦大学出版社，2008 年，第 30 页。

② 参见许钧、宋学智：《20 世纪法国文学在中国的译介与接受》，武汉：湖北教育出版社，2007 年，第 81-129 页。

一读者，相互签发‘出版许可证’。”[①]

其实，早在20世纪80年代，随着波伏瓦作品在中国的译介，随着中国读者对波伏瓦了解的深入，对波伏瓦只作为“萨特女人”而存在这样的观点便开始了拨乱反正，不仅渐渐地将波伏瓦置于脱离萨特的语境下加以考察，而且在试图扭转以往偏见的同时，给波伏瓦一个客观真实的评价。张放在《波伏瓦追求真理的一生》中写道：“萨特的威望并没有影响波伏瓦形象的光辉，因为他们是以相互崇敬、相互恩爱为基础而结合的。他们双双成为法国存在主义哲学和存在主义文学的一代宗师。”[②]对波伏瓦的独立价值同样也不乏如下感性的文字：在西蒙的世界里，解读西蒙的个人生活，尽管时光已逝，我唯有在潜意识中感知西蒙作为女性的辉煌与灿烂。她之所以伟大不仅仅简单地归结为她一生既非萨特的妻子，亦非萨特的情人，然又兼而有之的特殊关系[③]。改变波伏瓦作为“萨特的女人”形象的尝试正在不断地进行，而这种尝试最终势必会对普通读者心目中树立真实的波伏瓦形象起到积极的作用。

通过译介、评述和论战，读者可以借此从多个侧面、角度对作为女人的波伏瓦形象加以认识和解读，而读者心目中的波伏瓦形象也正是在这样的愈辩愈明中树立起来的。波伏瓦中国形象的形成过程同样也是中国评论者和读者对波伏瓦其人其事的理解与剖析的过程。

2. 被忽视的存在——作为存在主义“女作家”的波伏瓦

波伏瓦首先是一个女人，但是波伏瓦的成就与价值绝不仅仅停留在单纯作为一个女人的层面上。她热爱写作，正如她自己所言：“我

---

① 黄忠晶：《爱情与诱惑——萨特和他的女人们》，哈尔滨：黑龙江人民出版社，2003年，第93页。

② 张放：《波伏瓦追求真理的一生》，《外国文学》，1986年第9期，第61-62页。

③ 甄真：《解读西蒙·波伏娃》，《中华读书报》，2001年11月28日。

不能想象不写作就能生活下去。”[①]正是怀着对写作的这份酷爱与执着，波伏瓦自1943年出版第一部小说《女宾》之后，一直笔耕不辍，于生前发表了《他人的血》《人都是要死的》等四部长篇小说，《美丽的形象》《被遗弃的女人》等短篇小说，《白吃饭的嘴巴》一部戏剧，《闺中淑女》《盛年》等几部回忆录，文论《第二性》以及《波伏瓦美国纪行》《长征》等记叙性作品和《论一种含糊暧昧的道德》等论述性作品。尤其值得一提的是，其中长篇小说《名士风流》荣获1954年的龚古尔文学奖，自此其文学才华得到了充分肯定。波伏瓦以写作为手段，将自己对人的存在、自我与他人的关系、自由选择等存在主义哲学问题的思考通过文学的方式加以演绎，而这一系列作品的先后问世，足以为波伏瓦在20世纪法国文学史上争得一席之位。

中国读者对国外作家、思想家的认识和了解首先往往也必须借助于其作品的翻译文本，翻译在传播国外作品和思想、树立作家或思想家形象方面有着不可替代的重要作用：一方面，翻译文本的选择将引导读者对该作家作品、思想理解的倾向。每一位作家都会通过创作不同的文学作品来展现自己的写作风格、叙述手法，来表达自己意欲表达的观点和看法，甚至创作的不同的人物可以说是作者不同角度、不同层面的思想的缩影。因此，翻译时对作家文本的选择会直接影响到读者在接受该译本时对作品和思想所做出的评判。而另一方面，译本出现的背景也对读者整体把握一部作品、从历时的角度看待一部作品的意义起到重要作用。翻译无疑为我们接受外国作家的异域形象提供了一种追根溯源的思考维度。

那么我们不妨就从波伏瓦几部主要文学作品在中国的译介出发，看看波伏瓦作为存在主义女作家的形象是如何为中国读者所接受和阐释的。波伏瓦几部主要文学作品在中国的译介情况可以简单列出，见表1[②]：

① 西蒙·波娃：《西蒙·波娃回忆录》（第一卷《闺中淑女》），谭健等译，南京：江苏文艺出版社，1992年，第343页。

②“译本名称”一列取首次出现的译本名称，若非复译，出版社与出版年代以首次出现的译本为准。

表 1　波伏瓦主要文学作品在中国的译介情况

译本名称	译者	出版社	出版年代	备注
《人都是要死的》	马振骋	外国文学出版社	1985	
《他人的血》	葛雷、齐彦芬	外国文学出版社	1987	
《女宾》	陈淇、徐玉成等	陕西人民出版社	1990	
	周以光	中国书籍出版社	1999	
《名士风流》	许钧	漓江出版社	1991	由李清安、金德全选编的《西蒙娜·德·波伏瓦研究》（1992 年）中收入了余中先选译的《一代名流》。
《西蒙·波娃回忆录》	杨卒屏	上海书店	1987	繁体竖版，只是对原著的节译。
《西蒙·波娃回忆录》（包括《闺中淑女》《盛年（上、下）》《时势的力量（上、下）》《清算已毕》）	谭健、盛年、陈标阳等	江苏文艺出版社	1992	该译本据英国企鹅出版社英文版 1987 年重印本全文译出。 由李清安、金德全选编的《西蒙娜·德·波伏瓦研究》（1992 年）中收入了陈筱卿选译的《一位良家少女的回忆》《时势》《形势》；安凌选译的《总而言之》；王振孙选译的《告别的仪式》。
《白吃饭的嘴巴》	沈志明	中国社会科学出版社	1992	收入李清安、金德全选编的《西蒙娜·德·波伏瓦研究》（1992 年）

从表格中，我们可以看到：（1）波伏瓦几部主要文学作品的译介时间比较集中，大多在 20 世纪 80 年代末 90 年代初；（2）到目前为

止，尚未出现从原文译出的、完整的波伏瓦回忆录。或许我们正可以从这两点出发，去探究波伏瓦作为存在主义女作家的形象在中国未曾得到足够重视的原因。

波伏瓦作品在中国的翻译始于1985年，这一平常的年份背后蕴藏的却是不平常的意义。首先，20世纪70年代末，随着改革开放的春风，国门逐渐打开，西方的活跃思想渐渐得以译介和传播到中国。80年代，文化界的译介重点特别转移到20世纪的西方文论和文学创作上面①。政策的宽容、文化界的热情无疑为西方文学作品的译介和西方作家、思想家在中国的接受营造了良好的大环境。其次，20世纪70年代末80年代初，特别是1980年萨特的逝世引发了逐渐升温的"萨特热""存在热"，进而掀起了一股翻译和介绍存在主义文学作品的热潮②。波伏瓦在中国被翻译的第一部文学作品《人都是要死的》也是趁着这股热潮问世的。据其译者马振骋先生回忆，当时正值柳鸣九主持"萨特研究"课题，借着这个机会，人民出版社找到他，请他翻译了波伏瓦的《人都是要死的》③。由此可见，"萨特热"引发了存在主义在中国的广泛传播，而波伏瓦的作品也是在这样的大框架下得以译介的。"萨特热"一方面为波伏瓦作品在中国的翻译提供了契机，但另一方面，却在更大程度上，使中国对波伏瓦的解读和接受框定并限制在"萨特的存在主义"的范围内，造成了阅读的某种局限性。

郑克鲁著的《现代法国小说史》中评述西蒙娜·德·波伏瓦小说特点时认为："波伏瓦的小说鲜明地体现了存在主义的基本观点"④，而从下文对《他人的血》《女宾》的介绍中，我们就可以看出这里的"存在主义"特指"萨特的存在主义"。因为"萨特认为：'人的存在如同一个充满各种可能性的空括弧，它要由人自己的行动来填充。'《他人的血》体现了这种思想""波伏瓦在这里又阐述了萨特的思想""萨特提出的著名论题'地狱，就是他人'，意在揭示资本

① 参见洪子诚：《中国当代文学史》，北京：北京大学出版社，1999年，第198-199页。

② 参见许钧、宋学智：《20世纪法国文学在中国的译介与接受》，武汉：湖北教育出版社，2007年，第81-129页。

③ 引自笔者与马振骋先生于2009年8月6日电话谈话内容。

④ 郑克鲁：《现代法国小说史》，上海：上海外语教育出版社，1998年，第569页。

主义社会中人与人的险恶关系。波伏瓦在《女宾》中就是这样描写的”[①]。这些零星的评述性文字反映了波伏瓦小说在中国接受过程中的一个重要事实，那就是，波伏瓦的小说只是为了阐释萨特的思想而存在，萨特的思想才是波伏瓦小说的中心内核，波伏瓦只是借用形象加以演绎而已。从思想的层面来说，波伏瓦已经沦为萨特存在主义的附庸。而就波伏瓦在文学上的地位，柳鸣九更是直言不讳："在论及法国二十世纪文学的时候，人们总是习惯于把西蒙娜·德·波伏娃划在以萨特为代表的存在主义文学的范围里，实际上也就是把她置于从属于萨特的位置。应该承认，西蒙娜·德·波伏娃的确在一定程度上从属于萨特，不论是在存在主义哲理上、社会政治活动上还是爱情生活上，她自己把与萨特保持一致视为自己的'生命线'，这使得她有时显得像是萨特的'小伙计'。事实上，她的力图表现某些存在主义哲理的作品与萨特、加缪的哲理性作品是不能同日而语的，在当代法国文学中并不具有特殊的价值与意义。"[②]应该说，作为法国文学研究的前辈，郑、柳的观点很具有代表性，波伏瓦的小说既缺乏思想的独创性，又无法在写作手法上取胜，因此她作为存在主义女作家的形象在很大程度上一直被笼罩在萨特的阴影之下，不为评论界和读者所重视。

诚然，萨特开创的法国存在主义哲学对波伏瓦的影响不容否认，甚至在《闺中淑女》中，波伏瓦自己也坦言："在遇到萨特之前，我从来没感觉到在精神上被任何人支配过。"但因此便认为波伏瓦对存在主义思想的形象化阐释是对萨特的盲从，却有待商榷。余中先在评介法国历史上有影响的文学家时写道："波伏瓦的名字是和萨特紧密联系在一起的，……他们的名字联系在一起，是因为在文学和哲学的道路上他们志同道合，在社会和政治活动中他们情趣相似，在私人生活中他们相敬如宾。"[③]"志同道合"恰恰是对波伏瓦与萨特思想一致性的最佳注释，也是对"波伏瓦盲从萨特"这一误解最有力的反

① 郑克鲁：《现代法国小说史》，上海：上海外语教育出版社，1998 年，第 571 页。

② 柳鸣九：《此作中的自传性成分》，见西蒙娜·德·波伏娃：《女宾》，周以光译，北京：中国书籍出版社，1999 年。

③ 余中先：《法国文学大花园》，武汉：湖北教育出版社，2007 年，第 140 页。

驳。因为“志同道合”，波伏瓦更容易理解萨特的哲学，因为与她自己的思想相吻合，她才能迅速地接受萨特的存在主义学说，并将对存在主义的思考与理解贯穿到自己的文学创作中。但这并不意味着她对萨特思想的盲从，“她从来没有未经分析思考就接受过他的任何观点。有时他们之间也存在着观点分歧，并由此而引发出激烈的争论。可以说波伏瓦一直是萨特学说最敏锐的批评家之一，她对萨特思想观点的分析批判和解释能力表明了她对存在主义哲学的完整理解和准确把握。波伏瓦始终保持着自己的思想的独立性。”①

另一方面，译者作为外国作品进入中国的“摆渡人”，在翻译过程中对作品的细读和斟酌恐怕是一般读者所望尘莫及的。因此，译者对于作品的感受或观点从某种程度上说更接近于真实，那么我们就看看波伏瓦小说的译者是如何评价其作品的。作为波伏瓦作品在中国翻译的第一人，马振骋对波伏瓦写作的艺术特色做出了如下概括：“波伏瓦作品行文不露感情，字句简练扼要，崇尚文采华丽矫饰的人觉得她的文笔有点‘干’，其实她的文章像古典乐曲那样非常清醇。她刻画心理，渲染气氛，也用墨不多，在达到非说不足以表露时却又是淡淡几笔，一笔而过，给读者的遐想留出意外的巨大空间。”②马振骋的概括既是他本人身为译者对作品的真实感受，也是经过对作品的仔细研读后对波伏瓦写作手法的一些总结。按照马振骋的观点，作为作家的波伏瓦，除了作品思想，其构思与行文也是颇有可圈可点之处的。《他人之血》的译者葛雷对波伏瓦的小说家形象及其小说的文学价值更是给予了高度评价：“波伏娃是把存在主义和现实主义二者结合于一身的作家。她奉行存在主义，又不局限于存在主义；她改造现实主义，但又不鄙弃现实主义。有信仰，有主义，但毫无门户之见，这恰恰是一种大家风范。”③两位译者均充分肯定了波伏瓦小说的艺术特色以及波伏瓦身为一位存在主义女作家的价值和意义，这无疑为波伏瓦的女作家形象正名带来了希望。

① 谈方：《波伏瓦与她的小说创作》，《当代外国文学》，1996 年第 4 期，第 86-91 页。
② 马振骋：《我眼里残缺的法兰西》，昆明：云南人民出版社，2008 年，第 119 页。
③ 葛雷：“译本序”，见西蒙娜・德・波伏娃：《他人的血》，葛雷、齐彦芬译，北京：中国书籍出版社，1999 年。

不难发现，国内对“女作家”波伏瓦的研究主要集中于四部小说——《女宾》《人都是要死的》《他人的血》和《名士风流》，却从未将关注点真正转移到波伏瓦的几卷回忆录上[①]。究其原因，其中不容忽视的是，到目前为止，尚未出现从原文译出的、完整的《波伏瓦回忆录》。1992 年江苏版的回忆录精装本尽管较为完整地译出了四卷，但是一方面，译本是从英文本译出，其间难免出现由于经过多次转译产生的翻译偏差或错误；另一方面，该版本当时仅发行了 3000 册，相对于中国成千上万的研究者和读者，这个数字确实过于单薄。面对浩瀚的萨特作品译本和萨特研究专著，波伏瓦的回忆录研究实在难以在数量和质量上与之同日而语。无法接触到完整的波伏瓦回忆录，也便无法借由回忆录反观波伏瓦的一生及其创作，也难以接近真实的波伏瓦。如此看来，波伏瓦的作家形象淹没在存在主义大师萨特的身影之下而被忽视也是情理之中了。

3. 标签化的形象——作为“女权主义教母”的波伏瓦

波伏瓦是一个女人，这是无法改变的自然属性；波伏瓦是存在主义的女作家，这是她对自我人生的选择；而被奉为“女权主义教母”的波伏瓦形象可以说是前两种身份整合后的结果，因为身为女人，她亲身经历和体验了在社会之中女性生存的方方面面，深切地感受到女性所处的地位。而作为存在主义的女作家，她又将自身的境遇置于存在主义的哲学视野下加以审视，并最终将对生存状况的观察和思考付诸文字，撰写了迄今描写女性状况最为完整、反映女性问题最为丰富的“女性百科全书”——《第二性》。《第二性》发表于 1949 年，成为 20 世纪五六十年代欧美女权主义的理论先锋，具有一种开创性的意义，曾一度鼓舞了无数妇女与妇女运动，甚至被西方女权运动奉

① 根据中国知网（CNKI）“中国期刊全文数据库”收录的记录显示，近二十年几乎没有一篇学术论文以波伏瓦的回忆录为论述主题。

为女性的“圣经”。从某种意义上说，是《第二性》成就了波伏瓦，是《第二性》使波伏瓦成为一个家喻户晓的名字，也是《第二性》使波伏瓦走出法国，走向世界。无疑，波伏瓦因为《第二性》而拥有了“女权主义教母”的称号。

波伏瓦作为“女权主义教母”在西方世界所树立的形象随着中国国门的打开，随着中国译介西方文学、哲学等理论著作的高潮，同样也传播到了这片自中华人民共和国成立之初就呼吁“男女平等”的东方土地上。

3.1 波伏瓦作为“女权主义教母”标签化形象在中国语境下的形成

《第二性》为波伏瓦贴上了“女权主义”的标签，那么，波伏瓦作为“女权主义教母”这一形象也是伴随《第二性》这部巨著在中国的译介历程而逐渐形成、树立的。笔者曾撰文《〈第二性〉在中国的译介历程》[①]，借此回顾了这部西方女性“圣经”的中国之旅。自 1986 年《第二性——女人》中译本首次问世至今，其异域旅行至少经历了三个不同的时期，同样的，波伏瓦作为“女权主义教母”的形象也是沿着这样的轨迹逐步形成和深化。

译介之初，因为缺少完整的《第二性》版本，对原著尚未进行深入的研读，对波伏瓦其人其事也没有完整全面的把握，评论界常常以沿用国外相关术语、评论为主，也免不了“人云亦云”的现象。1986 年发表在《读书》上的《欧洲女权运动之星的陨落》[②]一文应是较早介绍波伏瓦生平和作品的文章。从标题看，作者显然已先入为主地将波伏瓦划归到了“女权运动”之列。尽管文章记述了波伏瓦一生的主要经历，也介绍了她的几部主要作品，但是即使非全部，至少也说明作者认为“女权运动”是波伏瓦相比于其他方面而言最为活跃的方面，具有极强的代表性。可以说，在译介之初，波伏瓦因为创作了西

① 参见沈珂、许钧：《〈第二性〉在中国的译介历程》，《江海学刊》，2009 年第 4 期，第 199-206 页。

② 柳门：《欧洲女权运动之星的陨落——西蒙娜·德·波伏娃的逝世及其生平与著作》，《读书》，1986 年第 7 期，第 131-135 页。

方女性的“圣经”而在中国语境下被着重地定位成了“女权主义教母”,《第二性》也很自然地被认作女权主义的教科书供人解读；而更为突出的是,“女人不是生成的，而是变成的”这句话有如《第二性》全书的精辟概括，像口号一般广为流传。

20 世纪 90 年代末期,《第二性》的中文全译本出版，随后，便掀起了 21 世纪初解读《第二性》，理解波伏瓦的高潮。尽管中国评论界对《第二性》的解读已经突破了起初时的片面，跨越了将口号等同于整部著作的稚嫩阶段，从哲学、社会学、女性主义等方面，多层面、多角度地加以把握和理解，但对波伏瓦的“女权主义”描述却从未改变。《波伏娃:“变”出来的女权主义者》一文高度评价了波伏瓦作为女权主义者为女性解放事业所做的贡献:“没有她率先揭示的真相，整整一个世纪的女性的生活将远比现在悲惨阴郁而沉重，对 20 世纪女性解放来说，波伏娃的思想，无异于一束普罗米修斯的圣火。”[1]2008 年值波伏瓦百年诞辰之际，纪念波伏瓦的文字再次活跃在读者眼前，而波伏瓦作为“女权主义教母”的形象也再次得到广泛关注。至于波伏瓦为何从未被读者所遗忘，李美皆坦言:“百年来，如果没有女权主义，这个世界将是不一样的；如果没有《第二性》，女权主义又将是不一样的。这就是波伏瓦为我们所纪念的理由。”[2]时代的进步并没有影响《第二性》在女性前进历程中所起到的指明灯作用,《第二性》在这方面的经典性意义使其作者波伏瓦作为“女权主义教母”的形象得以长久地扎根于读者的心中。从某种程度上说,“《第二性》＝波伏瓦＝女权主义”，这一等式也已形成，波伏瓦这个名字被牢牢地贴上了“女权主义”的标签。

如果说，波伏瓦在中文语境下能够以“女权主义教母”形象存在，是因为《第二性》在中国的译介为它提供了可能性，那么另一方面，中国评论界和读者也愿意让这样的形象存在并持续下去。在本文的前两部分，我们分别探讨了波伏瓦作为“女人”的存在和作为“存在主

① 姜云飞:《波伏娃:“变”出来的女权主义者》,《社会科学报》，2002 年 11 月 14 日。
② 李美皆:《波伏瓦：不可没有，不可多有》,《人民文学》，2008 年第 5 期，第 115-118 页。

义女作家”的存在，但不论是“女人”还是“女作家”，她的名字都与萨特紧紧地联系在一起，或者更准确地说，是紧紧地追随萨特。也因此，波伏瓦的独立价值常常被忽视，甚至被忘却。柳鸣九先生曾指出：“西蒙娜·德·波伏瓦的主要价值与意义不在这里（指小说创作），她另有自己的价值与意义。她的价值与意义就在于她写出了她作为一个杰出的职业妇女在以男性为中心的现代社会里的思想观念、感受体验、精神优越与矛盾苦闷、欢乐与幽怨……而她这方面的重要代表作就是享有盛誉的理论著作《第二性》。”[①]我们暂且不去争论波伏瓦的真正价值到底在何方，但是，柳鸣九的话却反映出这样一个不争的事实：“女权主义”“女性解放”为波伏瓦提供了一块萨特无从涉足、无法逗留的净土。波伏瓦终于可以暂时摆脱萨特的影响，而作为一个独立的“人”、独立的“女性”为世人所审视和解读。从这个角度说，人们倒是乐于为波伏瓦贴上“女权主义”的标签，因为只有在这里，波伏瓦才能静静地为人所称道，而不受到任何干扰。波伏瓦作为“女权主义教母”形象的放大或许不是“无心插柳”，而是有意为之。

由此可见，波伏瓦作为“女权主义教母”标签化形象在中国语境下的形成是主客观共同作用的结果，没有《第二性》译介的保障，这一形象便无从存在，而缺少了读者的主观认识，这一形象便不可长久。

3.2 波伏瓦作为“女权主义教母”在中国接受呈现的尴尬

虽然波伏瓦作为“女权主义教母”的形象为大多数中国读者所接受并津津乐道，而热爱波伏瓦的读者更是似乎找到了为其扬眉吐气的机会。然而，在这样的热情和激动背后，却潜藏着波伏瓦作为“女权主义教母”形象的尴尬与这一形象在中国语境下接受的矛盾。

首先，读者乐于接受波伏瓦的女权主义形象，但波伏瓦本人是否同样认可和赞同这样的标签，或者说波伏瓦在创作《第二性》时，有

① 柳鸣九：《此作中的自传性成分》，见西蒙娜·德·波伏娃：《女宾》，周以光译，北京：中国书籍出版社，1999 年。

没有如此强烈的女权主义意识呢？其实，这部著作的问世缘起于波伏瓦对自己提出的一个问题：“对我来说，身为女人究竟意味着什么？……这个世界是男性世界，我的童年充满男性铸就的神话，如果我是男孩，对此就会有不同的反应。”[①]由此，她从女性生存条件出发，对女性的命运进行了整体的把握和宏观的思考。通过《第二性》，其实她想做的更多的是让女性意识到自身的状况，意识到身为女性所面对的诸多男性意识不到的问题。从波伏瓦本身来说，并非怀着对女权的追求或热情继而创作了《第二性》，诚如吴岳添在《法国小说发展史》中所写：“女权运动在 50 年代尚未出现，所以波伏瓦本来只是想客观地研究妇女的现状。”[②]波伏瓦有一种先见的思考，而这种思考恰好契合了正在酝酿中的西方女权运动，两者的碰撞迅速擦出火花，并渐渐使这星星之火呈现出燎原之势。但因此认为波伏瓦是有意识地借由《第二性》燃起女权运动这把火，这样的论断似乎有失公允，充其量只是“在写作过程中，随着研究的深入，波伏瓦逐渐成了一个女权主义者”[③]。然而，与其说“波伏瓦认为自己是女权主义者”，倒不如说读者坚决地认为“波伏瓦是女权主义者”，波伏瓦便是以“女权主义教母”的形象为人所接受的。而一旦接受了这一形象，波伏瓦又不免被人所诟病，因为波伏瓦毕竟是一个不可分裂的存在，她无法摆脱的是首先作为“女人”的波伏瓦，波伏瓦是有了萨特的波伏瓦。一边是挥舞着“女性解放”大旗的“女权主义教母”，另一边是紧紧追随萨特的“萨特的女人”，这确实是在波伏瓦形象接受过程中所面临的最大窘境。

如果说波伏瓦的形象塑造与《第二性》作者本身的初衷并不吻合造成了接受的矛盾，那么西方女性的“圣经”在中国语境下的难以适用性则给波伏瓦形象的接受带去了另一重矛盾。我们知道波伏瓦《第二性》的论述基础是建立在对西方女性处境的描述之上，进而论证其生存条件的社会性是女性沦为“他者”的根本原因。《第二性》被奉

---

① Simone de Beauvoir. *La Force des Choses* (I). Paris: Gallimard, 1963: 135.
② 吴岳添：《法国小说发展史》，浙江大学出版社，2004 年，第 394 页。
③ 吴岳添：《法国小说发展史》，浙江大学出版社，2004 年，第 394 页。

为西方女性的“圣经”，是因为这部著作是她们境遇的真实写照，发自内心的共鸣以及该书带给她们的启迪是客观的、切实的。然而，这份共鸣和启迪却很难在中国语境下存活，东西方巨大的文化和价值观差异是不容忽视的前提。著名妇女问题研究者李小江指出：“我们（即中国妇女）的成长历程与现实社会处境，与西方女权主义生成的土壤和发展，既不同质也不同步。”①因此，《第二性》的描述与论证事实上很难对中国女性解放的社会运动起到与西方女性同日而语的作用。这就再一次证明，中国评论界对“女权主义”标签的使用更多的是对西方国家的借用与沿袭。

既然《第二性》并没有为中国妇女带来实质性的影响，那为何波伏瓦的女权主义形象依然为中国读者所津津乐道？与其说《第二性》在中国的影响是社会性的，不如说更多体现在女性主义文学和文学批评领域。戴锦华的观点无疑为《第二性》接受的真实情况提供了佐证：“波伏瓦和《第二性》‘抵达’中国，意味着欧美女性主义理论之先声的到来，而且这‘半部红楼’，无疑以今日难以想象的力度，介入并助推了中国女性主义，尤其是女性主义文学批评的出现、形成与潮汐涨落。”②无独有偶，周轶也同样认为：“20 年过去了，波伏瓦在中国从她最早对上个世纪 80 年代的女性主义文学产生影响，到其主要著作在上世纪末被陆续翻译过来，她的作品和思想都受到了评论界的关注。”③波伏瓦作为“女权主义教母”的形象在中国被铭记、被强调，而其真正的作用却更多地体现在文学领域，但作为女作家的波伏瓦却又始终未引起足够的重视，其文学的价值也并未得到充分认可，成了“被忽视的存在”，两者之间的矛盾无疑是波伏瓦形象在中国接受过程中值得深思的问题。

---

① 李小江：《女性/性别的学术问题》，济南：山东人民出版社，2005 年，第 170 页。

② 戴锦华：《岁月留痕——西蒙娜·波伏瓦在中国》，《书屋》，2007 年第 10 期，第 36-41 页。

③ 周轶：《追求自由的存在——纪念西蒙娜·德·波伏瓦逝世 20 周年》，《世界文化》，2006 年第 4 期，第 10-11 页。

3.3 波伏瓦作为“女权主义教母”在21世纪接受的新趋势

自《第二性》在中国着陆至今，波伏瓦一直被贴上“女权主义”的标签而游走于中国的评论界，“今天的波伏瓦并非原本的真实的客观的波伏瓦，而是一个符号化的，神化的，虚拟化的，为某些人观点所利用的代号”①。波伏瓦和她的《第二性》确实在西方女权运动，乃至世界的女性解放事业中发挥过积极的作用，但因此将作者创作的初衷以及本国的国情均抛之脑后，甚至都未仔细研读过原著，便一味地高喊“女人不是生成的，而是变成的”口号，宣扬其“女权主义教母”的形象，却有失理性。

21世纪，随着《第二性》译介的不断完善和深入，对该著作的解读和对波伏瓦形象的接受也呈现出崭新的局面。一方面，女性生存、女性解放仍然是关注《第二性》的焦点问题，但是这种关注突破了单一女权的局限，而是以全面把握著作内容，深入分析波伏瓦论证脉络来看待《第二性》中所探讨的女性问题。郑克鲁先生在完成重译《第二性》这样巨大的工程之后，撰文《女性问题的透视与自省》，将《第二性》对女性问题的透视、深化与自省概括为五方面内容，除了进一步分析波伏瓦对“女人”的理解，对“女性神话”的颠覆，对女性地位和各阶段的考察之外，其中有一点特别值得注意：“波伏瓦不是单一地提出女权问题，她一下子将妇女问题全盘地、相当彻底地摆了出来，力图囊括女性问题的方方面面，以全新的姿态论述女性”②。作为第一位将《第二性》从原著翻译出来的中文译者，郑克鲁的观点必将引导学界和读者从更广阔的层面上去理解《第二性》中所涉及的女性问题，而不仅仅局限于“女权”。另一方面，对《第二性》的解读也不再仅限于“女性”，而是从哲学、社会学、文学等多方面加以阐释。其中不仅有纵向的分析，如对《第二性》的创作背景、所体现

① 圣童：《也说丁玲与波伏瓦》，《文学自由谈》，2007年第4期，第136-149页。

② 郑克鲁：《女性问题的透视与自省——对女性主义理论经典〈第二性〉的解读》，《学习与探索》，2008年第3期，第186-189页。

的存在主义哲学倾向和对存在主义进一步发展的讨论（易佩荣、严双伍:《〈第二性〉的时代背景哲学倾向及其相关学术争论》,《法国研究》,2002 年第 2 期)、对“他者”概念的深层次诠释和剖析[方珏:《“他者”和“绝对他者”——西蒙娜・德・波伏瓦“他者”概念之辨析》,《武汉大学学报》(哲学社会科学版),2005 年第 2 期],也有横向的比较,如与伍尔夫(李蓉:《伍尔夫与波伏娃女性主义思想比较分析》,《广西大学梧州分校学报》,2005 年第 3 期),与海伦・凯勒、伊丽莎白・邓肯[黑瓈:《不一样的女人,一样的经典自白》,《中国妇女》(中文海外版),2003 年第 4 期]之间的比较。总之,21 世纪对《第二性》的解读呈现出多维度、多元理解、渐进深入的趋势。

诚然,在波伏瓦的形象接受过程中,“女权主义教母”这一标签在短时间内恐怕难以去除。但是,《第二性》被多元解读的同时,因《第二性》建立起来的“女权主义教母”形象也必将同样超越单一,而走向客观、走向丰富。

4. 结语

因为不同寻常的人生经历,因为对写作和文字的热爱与执着,因为对女性本身的关注与思考,展现在世人面前的西蒙娜・德・波伏瓦不再仅仅是一个女人,而是具有了多重的形象。当作为“女人”、作为“存在主义女作家”、作为“女权主义教母”的波伏瓦形象传播到中国,中国评论界与普通读者在接受过程中对不同侧面的波伏瓦表现出了不尽相同的热情与关注度,而这些不同均是与接受的背景、评论界的引导和普通读者的选择倾向等因素密不可分。尽管接受过程中不免存在失之偏颇、有失公允之处,但至少我们看到这样一种趋势,那就是随着对波伏瓦其人其事的进一步了解,对波伏瓦文学和哲学作品的进一步深入和解读,对波伏瓦不同侧面形象的接受已经朝着愈来愈客观、愈来愈理性的方向发展,正是这种趋势使我们相信波伏瓦的生命将在中国不断延续。

参考文献

Simone de Beauvoir, *La Force des Choses* (I). Paris: Gallimard, 1963.

白军芳. 对“情侣神话”拆解之拆解. 文学自由谈，2006（2）：129-135.

戴锦华. 岁月留痕——西蒙娜·波伏瓦在中国. 书屋，2007(10)：36-41.

杜青钢. 对萨特与波伏娃之间关系的再思考. 法国研究，2008（4）：64-68.

葛雷. 译本序. 见西蒙娜·德·波伏娃. 他人的血. 葛雷、齐彦芬，译. 北京：中国书籍出版社，1999.

洪子诚. 中国当代文学史. 北京：北京大学出版社，1999.

黄忠晶. 并非为萨特和波伏瓦辩护. 书屋，2002（9）：49-55.

黄忠晶. 爱情与诱惑——萨特和他的女人们. 哈尔滨：黑龙江人民出版社，2003.

黄忠晶. 评论历史人物岂可仅凭想当然——对《作为女人的波伏瓦》之回应. 粤海风，2004（1）：44-47.

姜云飞. 波伏娃：“变”出来的女权主义者. 社会科学报，2002-11-14（5）.

李杰. 生命的激情——萨特与西蒙·波伏娃的奇特恋情. 当代作家，1996（1）：124-132.

李美皆. 自由情侣的神话. 文学自由谈，2005（5）：54-64.

李美皆. 波伏瓦：不可没有，不可多有. 人民文学，2008（5）：115-118.

李小江. 女性/性别的学术问题. 济南：山东人民出版社，2005.

柳门. 欧洲女权运动之星的陨落. 读书，1986（7）：131-135.

柳鸣九. 此作中的自传性成分. 见西蒙娜·德·波伏娃. 女宾.

周以光，译. 北京：中国书籍出版社，1999.

马振骋. 我眼里残缺的法兰西. 昆明：云南人民出版社，2008.

沈珂、许钧.《第二性》在中国的译介历程. 江海学刊，2009（4）：199-206.

圣童. 也说丁玲与波伏瓦. 文学自由谈，2007（4）：136-149.

施依秀. 作为女人的波伏瓦. 粤海风，2003（4）：24-30.

谈方. 波伏瓦与她的小说创作. 当代外国文学，1996（4）：86-91.

汪淏. 不与心爱者结婚——萨特与波伏瓦的爱情札记. 郑州：郑州大学出版社，2007.

吴岳添. 法国小说发展史. 杭州：浙江大学出版社，2004.

西村. 本世纪最奇特爱情的女主角. 现代妇女，1996-3-10（3）.

西蒙·波娃. 西蒙·波娃回忆录（第一卷“闺中淑女”）. 谭健等，译. 南京：江苏文艺出版社，1992.

许钧、宋学智. 20世纪法国文学在中国的译介与接受. 武汉：湖北教育出版社，2007.

余中先. 法国文学大花园. 武汉：湖北教育出版社，2007.

袁筱一. 文字·传奇——法国现代经典作家与作品. 上海：复旦大学出版社，2008.

张放. 波伏瓦追求真理的一生. 外国文学，1986（9）：61-62.

甄真. 解读西蒙·波伏娃. 中华读书报，2001-11-28（17）.

郑克鲁. 现代法国小说史. 上海：上海外语教育出版社，1998.

郑克鲁. 女性问题的透视与自省——对女性主义理论经典《第二性》的解读. 学习与探索，2008（3）：186-189.

周轶. 追求自由的存在——纪念西蒙娜·德·波伏瓦逝世20周年. 世界文化，2006（4）：10-11.

The multiple images of Simone de Beauvoir and her reception in China

Abstract: With her unusual love experience, her dedication to writing and letters, her concern and reflection on women, Simone de Beauvoir exhibits great independence in thought and action as well as talent in different fields. Her individuality in all these fields also builds up a multi-faceted woman in the process of reception in China. She is known as a "women", a "woman writer" and a "godmother of feminism". When the different images of Simone de Beauvoir spread to China, the Chinese critics and ordinary readers don't show the same enthusiasm and interest, therefore, the reception of her different images presents distinct fate and characteristics.

Key words: Simone de Beauvoir, image, reception

（此文发表于《南京社会科学》2009 年第 10 期）

卫礼贤与德译《道德经》

宋健飞

摘　要：卫礼贤（Richard Wilhelm）是 19 世纪末 20 世纪初最为著名的德国汉学家，他一生译介了大量中国古籍经典，其中 100 多年前出版的德译《道德经》以独特的诠释和译策尤为引人注目，堪称《道德经》德译版本中的典范。其以目的语读者为导向，融入大量带有《圣经》色彩表达的翻译风格，事实上已经初具当代归化翻译流派的特点。本文以该译著的典型语汇为例，分析其引经据典的翻译思考，尝试对其翻译理念以及无意中与功能翻译理论相吻合的翻译行为做一阐释。

关键词：卫礼贤；《道德经》；德译；功能翻译理论

100 多年前，德国汉学家卫礼贤（Richard Wilhelm，1873—1930）重译了《道德经》，在译本第一版的前言里他写道："近百年来，没有哪部中文著作能像《道德经》这样让译者趋之若鹜。"（Wilhelm，1911：1）作为中国古代重要经典的《道德经》，可以说是迄今为止翻译成外语种类最多的汉语古籍，据不完全统计，全世界迄今为止共有 700 多个《道德经》的译本，这一数据使之在世界名著翻译排行榜上成为仅次于《圣经》的第二大源语文本。而德文的翻译就占了其中的七分之一以上，可见此书在德国的影响之大。洋洋大观的一百多种德文译本从 1870 年绵延至今，见仁见智，各具特色，呈现出一片百花齐放的景致，令人叹为观止。

事实上，自 1870 年《道德经》全书首次被译成德文后，几乎每年都有德国译者尝试对其重译，在当时已有七八个德文版本的情况下，卫礼贤为什么还要做这种在外人看来纯属吃力不讨好的无用功呢？回顾这一中德文化交往史上的佳话，追溯译者不平凡的人生轨迹和译事，对我们今天不断深入推进中德跨文化交际和海外汉学研究均具有颇为重要的意义。

1. 中国文化的传播人

卫礼贤 1873 年生于德国的斯图加特，父亲是位宫廷玻璃画匠。卫礼贤九岁丧父，由母亲和祖母抚养成人，这一成长经历使得他在男人的睿智里又融入了一层女性的阴柔。1891 年，他开始在图宾根学习神学，后在斯图加特新教大教堂获取牧师资格，1895 年成为代理牧师。1897 年，卫礼贤与南德著名新教领袖人物克里斯托夫·弗里德里希·布卢姆哈特（Christoph Friedrich Blumhardt）相识，后者提倡宗教不能脱离现实，应该关注社会问题，并因而被视为兴盛于瑞士和德国的“宗教与社会”运动的创始人。布卢姆哈特可谓青年卫礼贤人生道路上的良师益友，在他的教诲下，卫礼贤的思想逐渐从宗教的束缚中解放出来，社会民主的意识与日俱增。忘年交进而发展为翁婿情，不久，布卢姆哈特便将女儿萨洛美许配给这位深得自己器重的年轻牧师，这对情侣 1900 年在上海完婚。

20 世纪初，卫礼贤以传教士的身份来到当时德国在华的租借地青岛，在当地一方面学习汉语和中国文史知识，广泛了解和研究古老的中国文化，一方面兴学办校，引进西方的教育理念，创建了中国的第一所德中学校“礼贤书院”（Richard-Wilhelm-Schule）。因善举懿德深得人心，慈禧太后赐其四品顶戴，并封道台官衔。

卫礼贤一生数次来华，曾执教北京大学，在 20 余年的中国生活经历中，他潜心研究被其视为第二故乡的“中央帝国”的文化历史，主攻儒家、道家等各家经典，将《道德经》《易经》《南华真经》《论语》《家语》《吕氏春秋》等大量名著翻译成德文，并撰写了篇秩浩繁的书籍、文章，评析介绍中国的文史哲和风土人情，为在德国译介和传播中国知识做出了巨大贡献，其影响和意义之深之大，迄今难有人能与之相提并论。原本带着传教使命来到中国的卫礼贤，在华期间不仅未收一名中国的“西学”弟子，反倒将思想深厚的“东学”舶往西方，这不能不说是东西方文化交往史上的一段永恒的传奇。

1911 年，卫礼贤的《道德经》德译本（*Laotse. Tao Te King: Das Buch des Alten vom Sinn und Leben*）在德国耶拿的欧根·迪德里希斯出版社（Eugen Diederichs Verlag, Jena）问世，这部精心译注的中国经典名著的再度推出，标志着译者汉学生涯的一个转捩点。如果说卫礼贤在此前将相当大的一部分精力放在兴学传教的善行义举和对中国风土人情的介绍上，那么此后他的专注力则转向了对中国经典文化的深层译介和学术研究。作为科班出身的传教士，卫礼贤的思想深受基督教学说的浸染，然而西方神学的观点并没有妨碍他学习和接受东方传统文化的理念，相反，他后半生为之殚精毕力的事业就是要向西方世界诠释中国古代的精神世界。

2. “道”与“德”的诠释家

当年，翻译工作完成后，卫礼贤在提及重译《道德经》的缘由时写道：“有两大原因促使我斗胆推出了这一新的译本。其一：重译此书属本人全盘计划之一。即便该计划仅拟包含中国宗教和哲学文献的重中之重，这本曾产生过巨大影响的菲薄小书亦不可或缺。而且，此书恰恰于自然而然的文理中让人逐渐醒悟，启示并阐明因封闭隔阂而势必致异之物。原因之二是，鉴于老子之作的时髦译本层出不穷，或许再让这位中国智叟自己开口讲一回话也未必不是一件好事。”（Wilhelm，1911：1）由此可见，卫礼贤重译《道德经》的主旨在于去伪存真，追本溯源。

《道德经》的思想底蕴博大精深，虽寥寥五千言，但字里行间所明示或隐含的哲理，体现了中国古代文化的精髓，引无数中外学者名士为之苦心考究，探求其蕴藏的普世真理。其中讨论最多的莫过于统领并贯穿于全文的“道德”二字的含义。1870 年维克多·冯·史特劳斯（Victor von Strauss）推出的首部《道德经》德文译著，因为无法在目的语——德语里找到等值的相应表达，只得将“道”采用音译的方式，移植为 Tao。在此前后，零星的德语文论或翻译作品里提及此概念时，亦有将其称为 Gott（上帝）、Vernunft（理智）、Weg（道路）、Wort（话语）等五花八门的译法。然而，在卫礼贤看来，关键的问题并非如何表达这一概念，因为对老子本人而言，这两个字也不过是代表某种无法付诸言表之物的符号而已。重要的是从美学的角度上来讲，人们希望能有一个德语词出现在译文里与之对应。于是，深谙《圣经》语言，熟知德国经典的卫礼贤想到了德语里同样玄奥无比且高深莫测的 Sinn 这个单词。在解释为何选用该词贯穿全文使用时，他详细分析道：“此词曾现于《浮士德》第一部中的一个场景，当时主人公做完复活节散步后回到家中，着手尝试翻译《新约圣经》中的《约翰福音》，开篇的首句便被译为‘Im Anfang war der Sinn’（《新约全书·约翰福音》第一章第一句，汉译为‘太初有道’）。这一译法看来是对多义汉字‘道’的最佳诠释。汉语的‘道’源于‘道路’，其含义又扩展至‘方向’‘状况’，后引申为‘理智’‘真理’。该字用作动词时有‘讲’和‘说’的意思，而其转义则为‘引导’（至于其次要的‘区域’之概念则可忽略不计）。而德文里的 Sinn 一词其本义同样亦有‘道路’‘方向’的意思，此外其引申义一为‘人对某种事物的内在感知’；二有‘内心的意识、认知、思维、考虑’的意思，好比‘内感’；第三条释义是‘肉体的性感’，主要适用其复数；四则包含了‘观点’‘设想’和‘话语、图像、行为之意义’的内容。可见，该词上述的所有释义，除了第三条在‘道’的词义范围里无适用点之外，其余很大程度上均可互相对等。”（Wilhelm，1911：15-16）

从上述分析可以看出，卫礼贤用德语中的 Sinn 一词来阐释汉语的“道”绝非信口开河，而是对两者详细、精辟的分析和思考的结果。这里还应提及的是，作为基督教经典的《圣经》，其汉译的历史也相当漫长。从 19 世纪初开始，不同的版本就相继面世，其中对一些概念的译法也不尽相同，直到 1890 年在上海召开的圣经公会传教士大会，决定统一译本，以利宣教。于是，1906 年和合本《新约》的翻译便全部完成并推出。而新译本《约翰福音》的开篇之句正是“太初有道”。身在中国传教的卫礼贤，必定熟悉《圣经》的中文译本，对其译语肯定了如指掌。《圣经》译成德文时，与“太初有道”中“道”一词相对应的希腊语原文 Logos 被译为德语的 Wort（话、语），即：Im Anfang war das Wort。而大文豪歌德在其名著《浮士德》中，借浮士德之口，使用了德语单词 Sinn 来诠释 Logos 的含义。其原著情景是这样的：

Er schlaegt ein Volum auf und schickt sich an.
Geschrieben steht: „im Anfang war das *Wort*!“
Hier stock' ich schon! Wer hilft mir weiter fort?
Ich kann das *Wort* so hoch unmoeglich schaetzen,
Ich muß es anders uebersetzen,
Wenn ich vom Geiste recht erleuchtet bin.
Geschrieben steht: im Anfang war der ***Sinn***.

（Goethe，1808：80）

译文：（打开一大册书，准备着手翻译。）

我先写下一句：“太初有言！”
译不下去了！谁来帮助我一番？
我不能把言语估计得这样高，
如果真受到神灵开导，
我定要把它译成另一个字。
我要这样写着：“太初有**思**。”

（钱春绮，1982：74-75）

以上中译本里的“思”就是德语单词 Sinn 的翻译。尽管剧中浮士德最后的选择并非 Sinn 这个词，可卫礼贤却借题发挥，巧妙地用此例来佐证自己的观点，可谓用心良苦。

在谈及《道德经》中另一个反复出现的“德”字的翻译时，卫礼贤同样引经据典地论证道：“该词汉语的定义为‘物得以生，谓之德’[①]。因此，我们将它（同时也是倚借《约翰福音书》里第四句‘其身有生，此生命乃人之光’）译为‘生命’[②]。而若采用孔子《论语》一书翻译中的‘天性’‘本质’‘精神’‘力量’[③]等词来翻译该字，则会同其他有关的表达产生矛盾，故应加以避免。而取‘美德’一词[④]来翻译‘德’的惯常作法，适用于后来的某些道德论文的表述，但拿来阐释老子之‘德’比迻译孔子之‘德’更不合适。”（Wilhelm，1911：16）

卫礼贤以德文中的 Sinn 和 Leben 来翻译《道德经》里的“道”和“德”，同时还有意让这两个词在全文里一律以大写字母的形式出现，以彰显其特殊的含义，此举的确别出心裁。虽其准确性和精确度尚有可商榷和探讨之余地，但此灵感显然一方面源于译者在中国古典哲学玄奥的思想海洋里徜徉徘徊的感悟，另一方面则借鉴了基督教精神通俗易懂的语言表达，可谓融东西文化为一炉，化汉德语言于一体，堪称一种极富创意的跨文化交际尝试。

3. 功能翻译的先行者

卫礼贤《道德经》译著问世前后，均有德国译者先后推出各自不同的译本，其风格基本呈现两个极端：要么倾向于散文式的全面重新阐释，要么则拘泥于语言的对应，字斟句酌地紧扣原文（Huang Yingyi，2001：199）。虽然卫译《道德经》总体上走的也是侧重语文

① 精通中国古代哲学著作的卫礼贤，选取了《庄子·天地》中对“德”这一概念的定义作为自己翻译的注解。

② 此处使用的德语单词是 Leben，援引自《约翰福音》里第四句话，原文为：In ihm war das **Leben**, und das Leben war das Licht der Menschen.

③ 德语原文为 Natur、Wesen、Geist 和 Kraft。

④ 德语原文为 Tugend。

学翻译的路子，但其翻译行为的外部条件以及本人无意识中运用的一些方法，却与后人推崇的功能翻译理论有相似之处，可谓无意中顺此方向先行了一步。

德国著名翻译理论家、功能翻译理论的倡导者和阐释人克里斯蒂娅娜·诺德（Christiane Nord）认为，在翻译的整个过程中，翻译的目的及目的语文本的功能在很大程度上取决于翻译委托的行为，这一委托人亦可视为翻译的“发起者”，其作用涉及确定受众对象、翻译目的和译本完成时的时空接受条件等影响翻译策略的重要因素（Nord，1993：14-15）。卫译《道德经》所诞生的时代，欧洲正面临着危机四伏、冲突频仍、矛盾激化、战云密布的复杂局势，这与两千多年前老子所处的中国动荡时期有某种相似之处，正因为如此，出版商欧根·迪德里希斯委托卫礼贤重译《道德经》的宗旨就是“取人之长，补己之短”，“融异族传统于一炉，以建立具有强大创造力的新宗教”（罗梅君，2004：121-122）。这一“他山之石可以攻玉”的出版战略与卫礼贤借译介中国经典著作之契机，寻求东西文化共同点的思想可谓不谋而合，卫礼贤亦宣称：“结束东西方伟论各自为政的时代已经到来。”（Wilhelm，1956：225）共同的志趣使两人一拍即合，卫礼贤欣然接受了重译《道德经》的委托。

根据功能翻译理论观点，文本自身是没有功能的，其功能在被接受的过程中得以体现。当然，每个文本通常都被其发送者赋予了一定功能的意向，只有在理想的情况下，源语文本发送方的意向才能与目的语文本在受众方产生的功能相对应。然而由于时间、空间和文化上的差距，要达到这种对应相当困难。所以，为了尽可能地实现目的语文本的某种功能，翻译时就必须使用某些组织译文的手段，诸如采用合适的信息、有目的地安排文本结构、有意识地选择词汇和句型，等等（Nord，1993：9-10）。这一译学理论专家半个多世纪后才总结出的功能平等之说，早在当年卫礼贤《道德经》的移译中就得到了生动的体现。

集老子思想之大成的《道德经》，对宇宙自然、社稷人生、情理道德等诸多方面做了精深的哲理阐释和剖析。卫礼贤深知，要将这样一部玄妙深奥、闪烁着古老东方智慧的经典译成文化背景不同、语言体系迥异的德文，其难度之大不言而喻。况且出版商迪德里希斯已将任务委托定位为“东为西用”，如何让目的语文本发挥出应有的功能，完成被赋予的使命，成为卫礼贤殚思极虑的问题。在分析、总结了前人翻译《道德经》的得失后，卫礼贤认为，要让这样一本“中国的《圣经》”能为德国读者理解并领会字里行间的含义，必须得找到一种广为目的语受众所熟悉的文化语言。身为牧师和传教士的卫礼贤，自然地将目光投向了德国人家喻户晓的《圣经》里的语汇。《道德经》开篇第一章里的“道可道，非常道；名可名，非常名。无名，天地之始；有名，万物之母。故常无欲，以观其妙；常有欲，以观其徼。此两者同出而异名，同谓之玄。玄之又玄，众妙之门”（李耳，2004：2-5），在卫礼贤的笔下被建构成这样的形式：

Verkoerperung des Sinns

Der SINN, den man ersinnen kann,
ist nicht der ewige SINN.
Der Name, den man nennen kann,
ist nicht der ewige Name.
Jenseits des Nennbaren liegt der Anfang der Welt.
Diesseits des Nennbaren liegt die Geburt der Geschoepfe.
Darum fuehrt das Streben nach dem Ewig-Jenseitigen
zum Schauen der Kraefte,
das Streben nach dem Ewig-Diesseitigen
zum Schauen der Raeumlichkeit.
Beides hat Einen Ursprung und nur verschiedenen Namen.
Diese Einheit ist das Große Geheimnis.
Und des Geheimnisses noch tieferes Geheimnis:
Das ist die Pforte der Offenbarwerdung aller Kraefte.

（Wilhelm，1911：3）

仅此短短一个章节的翻译，就出现了“Ewige”（永恒）、“Jenseits”（彼岸）、“Diesseits”（此岸）、“Welt”（世界）、“Geschoepfe”（万物）、“Kraefte”（力量）、“Offenbarwerdung”（显现）等《圣经》色彩浓厚的用语，可见卫礼贤译策的处心积虑。此外，Herr（主）、Weisheit（智慧）等一些典型的《圣经》词汇，在全文里也有相当高的出现频率，从而使卫译《道德经》体现了与委托人和译者本人意图相应的独特功能特征。虽然在《道德经》德译过程中，采用个别宗教术语的译者不乏其人，但像卫礼贤这样如此偏重使用“《圣经》语汇”的现象毕竟属罕见。综上所述可以说，他尝试用追本溯源的方式，在内容的移译上紧贴原文，文献—语文式地再现了源语文本的异域文化特色，而在形式上则另辟蹊径，功能—工具式地运用了目的语受众相对易懂的语言。从某种意义上来说，这一翻译实践实际上与当代译学理论的“功能平等+忠实于原文”的原则（Nord，1993：17）大体上目标一致。

4. 结语

在《道德经》的译介过程中，卫礼贤始终坚持以中国的原文资料为首要援引和参考依据，而让已有的欧美外语文献退居次要地位。这种正本清源、去伪存真的治学态度，使得其译本体现出与众不同的经典特色和儒雅风格。同时，译著正文之前附有译者长达20页的导读，详尽地介绍了《道德经》及其作者的来龙去脉和历史地位，并结合史实及文本阐述了该书对中国思想界、社会和人生观的影响。译本在正文之后又辅以对各个章节段落的详尽注解，从而形成了一部具有极高研究价值的学术译著。

卫礼贤的《道德经》翻译绝非前无古人、后无来者，而事实上后人对此译著的评价也是褒贬不一，毁誉参半。不少人认为他用《圣经》的理念来诠释中国的古老哲学思想的尝试显得偏执和过度，有随心所欲之嫌，给人以牵强附会之感，未能忠实地传达源语文字的真实含义

（这恰恰也是卫礼贤对其他译本的批评），从而产生了事与愿违甚至适得其反的效果，因此并未达到预期的目的。然而，尽管这些负面批评在某些方面不无道理，但卫礼贤基于对中国经学、哲学思想和文化深层了解之上的独特“道”学译介，使该译本成为德国学界知名度和被引用率相当高的《道德经》版本，从而历经百年沧桑的磨砺和洗礼，至今依然闪耀着智慧的光华，不失其经典译著的魅力。

参考文献

Wilhelm, Salome. *Richard Wilhelm. Der geistiger Mittler zwischen China und Europa*. Düsseldorf/Koeln: Eugen Diederichs Verlag, 1956.

Huang Yingyi. *Die Rezeption und Uebersetzungsgeschichte des Daodejing in Deutschland von 1870 bis zur Gegenwart*. Mainz: Universitaet Mainz, 2001.

Nord, Christiane. *Einfuehrung in das funktionale Uebersetzen*. Tuebingen: A. Francke Verlag, 1993.

Wilhelm, Richard. *Vorwort und Einleitung*. Wilhelm, Richard. *Laotse-Tao Te King: Das Buch des Alten vom Sinn und Leben* (trans.). 1-25. Jena: Eugen Diederichs Verlag, 1911.

Goethe, Johann Wolfgang von. *Faust*. Tuebingen: J. G. Cotta Buchhandlung, 1808.

Rennstich, Karl. *Biographisch-Bibliographisches Kirchenlexikon*. Nordhausen: Verlag Traugott Bautz GmbH, 1998.

歌德. 浮士德. 钱春绮，译. 上海：上海译文出版社，1982.

罗梅君. 汉学界的争论：魏玛共和国时期卫礼贤的文化批评立场和学术地位. 孙立新，译. 载孙立新、蒋锐. 东西方之间——中外学者论卫礼贤. 济南：山东大学出版社，2004：121-122.

李耳. 道德经. 西安：陕西旅游出版社，2004.

Richard Wilhelm and the Translation of *Tao Te Ching*

Abstract: Richard Wilhelm was the most famous German Sinologist in the late 19th and early 20th century. In his life he translated a great deal of ancient Chinese classics, including *Tao Te Ching*. His translation, which was published more than one hundred years ago, was particularly noteworthy because of his unique interpretation and translation strategies. His version is the model of the German translations. Richard Wilhelm orientated at the readers of his target language and used many expressions from a Christian perspective. In fact, he already began the contemporary characteristics of the domesticating translation. In this paper, the author has chosen typical words and sentences in his translation and attempted to analyze his translating ideas and behaviors, which were not on purpose consistent with the functional translation theory.

Key words: Richard Wilhelm, *Tao Te Ching*, German translation, functional translation theory

（此文发表于《东方翻译》2012 第 1 期）

论全球化语境下科技翻译的文化共享与渗透

——《时报信息》翻译个案研究

吴波

摘　要：本文研究了 2012 年在中国大陆创刊的美国《纽约时报》科技、科学、教育和健康版块的中文翻译杂志《时报信息》，分析该翻译杂志所承载的文化与社会功能，解读其选材的原则，并讨论其在中国的读者定位以及可能产生的影响力。作者认为，在经济全球化和信息化的时代，科技文本和历史上特定时期的文化、社会科学翻译一样具有文化渗透和改造的能力。作为译者和译文读者，我们应该深刻地认识到在全球化的时代，翻译是如何微妙地改变我们的生活以及我们所生活的世界。

关键词：文化渗透；科技翻译；文化复制；文化传递；文化改造

1. 导语

2011 年秋，专门翻译《纽约时报》科技版内容的翻译杂志试刊在北京问世，暂定名为《时报周刊》科技版。2012 年 1 月，该杂志正式定名为《时报信息》，以月刊的方式在中国大陆发行，与《纽约时报》在科学、技术、健康、教育领域展开内容合作。《时报信息》是真正意义上的翻译期刊，其初衷是“成为科技进入大众视线的屏幕”（《时报信息》，2012，1：14），并“引导人们亲近科学，消费科技产品与服务，提高生活品质和效率，……倡导求知、求美、享受健康的生活方式”（《时报信息》，2012，1：14）。

本文将分析、探究《时报信息》的真实翻译意图及其在选材、文本转换等方面的相应策略，以说明在全球化的时代，科技翻译是有效地实现文化共享与渗透的重要途径。

2. 理论立场

首先，让我们对翻译理论研究视角的变迁做一个简单的回顾。不论在中国还是西方，传统上都认为翻译是一个文本转换的过程，其目标是在译入语中等效或忠实地复制源语文本，在很长一段时间内文本和语言是翻译研究的焦点。我国最早的佛经译论《法句经序》中所主张的“因循本旨，不加文饰”（罗新璋，2008：22）说的就是这个意思。在西方翻译史上影响深远的理论家泰特勒也在其著名的翻译三原则中将忠实放在第一位。之后，随着翻译活动从宗教翻译和文学翻译走向多样化，翻译被认为是为了达到某些实际目的而进行的文化交流，语言研究的视角显露出某些局限性。20世纪80年代，描述翻译学派（Holmes，1988）开始将译作作为研究的焦点，并提出了一系列对译作进行描述的原则。20世纪90年代初，学者们认识到社会规范及其背后所隐藏的权力关系应该在翻译研究中有所体现，因而文化研究、人类学、后殖民主义理论的视角等都被翻译研究所借鉴，用以解释和描述作为人类和社会交流的产物的译作。克里斯蒂安·沙夫纳曾经这样描述翻译和跨文化交流之间的关系：

换言之，（翻译研究的）焦点集中于社会、文化和交际行为，翻译和译作在文化和意识形态方面的影响力，翻译的政治，以及翻译行为和社会文化因素之间的关系。对翻译现象的复杂性已经有了总体的认识，对翻译的社会因素和人的参与有更多的关注，而译作的影响力比文本的内部结构更加受到重视。（Christiane Schaffner，2003）

玛利亚·铁木志科（Maria Tymoczko，2007：111）认为："译作和翻译过程是三种不同形式的文化互动的组成部分，它们用英文单词来表示就是复制、传递和文化转移"。铁木志科认为这三种文化互动的形式是"文化交流的三种'模式'"，并进一步提出复制、传递和文化转移不应该只被当作翻译的属性，更应该被当作"理论工具以设想在翻译过程中存在着另外一些可能性或是用来理解翻译的跨文化属性"（Tymoczko，2007：131）。在她看来，文化的复制、传递和转移是更广泛意义上的概念框架，这三者与翻译之间存在交集，且包含、影响翻译，并赋予翻译产品和翻译过程以深刻的启示。

本文将以铁木志科对翻译的构架为出发点，审视翻译作为跨文化交流的一种方式，如何在特定的语境中应对主体文化之外的"他者"，以完成所肩负的社会和文化使命。从本研究的立意和标题来看，这将是一个采用宏观的文化研究范式所进行的描述性的翻译个案研究。但笔者同样十分认同以下观点："从语言和语言学的角度研究翻译可以说是一种回归，一种必然的回归，翻译的栖息地毕竟离不开语言，离不开文本，离不开结构。"（王东风，2007：9）。不过，笔者认为，相对于将翻译研究中的视角转换称为"转向"和"回归"，我们更应该承认理论视点的变化也许只是表明了对于某个问题的研究出现了新的视角，各种不同的视角之间不是非此即彼，而是共依共存，互相补充，共同深入的关系。翻译活动区别于其他文化交流方式比如艺术表演等的本质特征就在于，它必须通过不同语言之间的文本转换来体现。在本文中，笔者将从这一基本特征出发，通过对研究对象的文本和语料展开具体的分析，获得相关的证据，以说明研究的主题。

3.《时报信息》在中国的出版及目标读者

《时报信息》是具有160多年历史的，具有相当权威和公信力的美国报纸《纽约时报》与中国博格国际传媒集团共同打造的一本翻译刊物，主要翻译《纽约时报》科技版面的内容。其创刊号发表了联合出版人周尔方的《出版人的话》：

日益深入和延展的国际合作，令这本刊物得以携手《纽约时报》，在科学、技术、健康、教育领域开展内容合作，将为中美建立一个快捷、稳定的科技交流渠道……

……本刊将充分利用《纽约时报》遍布世界的法眼，密切关注科技前沿实验室、研究机构的动态与趋向，关注科学技术的重大进展及其对社会的影响，让刊物成为发布世界科技成果的平台，成为科技进入大众视线的屏幕。当然，也将重视中国科学技术的报道，推动中国科学技术及科技产品走向世界，实现中外科技的双向流通，互动双赢。

据媒体报道，该期刊的中方合作伙伴、博格集团总裁冯启若也强调它的诞生是中美之间“阴阳共生，合作共赢”的典范[①]。可见，“合作、共生、共赢”可以说是对其翻译行为所做的注脚。就当下的文化影响力和社会经济体制的强弱而言，中国和美国之间存在着相当的差距。而惯常的所谓的“强势文化”和“弱势文化”之间的翻译和交流主要以对强势文化的全盘接收和输入为特征，通常更多的是从“强势文化”译入“弱势文化”；当从“弱势文化”译入“强势文化”时，后者对前者的态度便表现出更多的“文化自恋”（Venuti，1995）的情结。与此相比，《时报信息》这一翻译项目所表达的态度

① http://tech.sina.com.cn/d/2012-01-11/14266627483.shtml，2012年6月10日。

和倾向可以说有其特别之处。此外，还有一点也许是使得《时报信息》成为值得研究的翻译个案的重要原因：即该翻译行为所涉及的源语和译语的社会文化语境所指向的异远远要大于同：中国和美国的科技发展的程度、意识形态、民众的思想和行为方式、价值观等都有很大的差异。美国作为一个世界强国，中国作为一个拥有悠久文化历史、巨大的人口和市场并正在崛起的发展中国家，两者之间的关系已经被认为是“远远超出双边范畴，越来越具有全球意义”①。两者之间的互译已经完全不再是曾经的“欧洲中心主义”或“美国中心主义”影响之下的翻译行为，它能更多地体现普遍意义上的文化差异在翻译中的交流和转换模式，以及由此产生的影响。

实际上，因为科技的发展和信息传播渠道的多样化，《纽约时报》自 20 世纪 90 年代起开始经历印刷版发行数量的减退——虽然浏览其网页的读者人数一直居于首位。有观点认为目前《纽约时报》“最不可能在动荡的国际环境中进行扩张”（Joe Pompeo，2011）。即便如此，其新上任的国际部主任周看（Joe Kahn）还是在 2011 年宣布“如果一切顺利的话，纽约时报会在不久的将来产出非常强大的汉语普通话版本”（Joe Pompeo，2011）。同时，他还表示并不打算将汉语版本的内容翻译成英语（这也意味着，其构想中的汉语版本是完全针对汉语读者的），因为大多数用汉语写作的作者同样能够胜任用英文来写作。在报纸的高层所宣称的汉语版本还没有问世之前，却先出现了美国本土版的《纽约时报》在中国的汉语译本，其中的缘由颇为耐人寻味。如果按照周看的思想来进行解释的话，原因之一就是《纽约时报》在美国的记者不能够同时胜任用汉语来写作，而汉语读者有了解美国本土内容的需求，并且同时源语文化也有向汉语所代表的社会文化语境输出其思想的意图。因而，和原创文本不同，《时报信息》里译文的源头是美国式的题材与视角。

《时报信息》称，“我们将针对中国读者的需求和兴趣，利用《纽约时报》的丰沛资源，在第一时间介绍科技创生的新知识、新产品、

① http://tech.sina.com.cn/d/2012-01-11/14266627483.shtml，2012 年 6 月 10 日。

新时尚，引导人们亲近科学，消费科技产品与服务，提高生活品质和效率，加快科技产品的普及化、市场化。……倡导求知、求美、享受健康的生活方式”（2012，1：14）。由此可见，《时报信息》的目标读者对象应该是受过良好教育，有时尚意识并对新科技产品抱有强烈兴趣的中国读者。这类读者大多较为年轻并对“创新”具有强烈的追求。目前《时报信息》在中国大陆地区的月发行量为5000册，主要在大城市的报刊亭以及机场书店等处发售。

4.《时报信息》的翻译策略

《时报信息》可以说是体现了全球化与信息时代语境特征的典型翻译案例。其原文全部来自《纽约时报》科技、科学、教育和健康四个版块的内容。如果仔细阅读已经发行的试刊、第一期和第二期杂志的内容，我们会发现《时报信息》选择原文的兴趣并不在于文章所针对的科学和技术内容，而是在于科技与人的关系以及对人类生活的影响。比如，其试刊的科学栏目包括以下几篇文章：《霍金访谈：生命和宇宙，言来字字皆艰辛》（“Life and the Cosmos, Word by Painstaking Word”），讲述了斯蒂芬·霍金的人生故事，同时也普及了一些著名的物理学概念，如宇宙黑洞、时间简史等；《史上最酷的工作穷途末路了吗？》（“Seeking Next Frontier as ‘Coolest Job Ever’ Ends”）讲述了当前美国宇航员所遭遇的职业困境，同时描述了美国太空事业的现状。在技术栏目中的文章都和信息时代的日常生活密切相关，例如《先打怪，后恋爱：在魔兽世界找到真爱》（“It’s Love at First Kill: Warcraft Avatars Find Real-Life Love”）、《手机购物：简单就好》（“Retailers Retool Sites to Ease Mobile Shopping”）都讲述了科技如何改造人们的日常生活，包括交友和购物的方式。同样，健康和教育栏目里的文章介绍了最新的医疗研究成果以帮助人们达到更佳的健康水准，或者是寻求更多的机会以获得良好的教育。前者如《糖尿病患者：老药更好》（“For Those With Diabetes, Older Drugs are Often Best”），后者比如《留学顾问：全面精装饰，送你跳龙门》（“Coaching and Much More for Chinese Students Looking to U. S.”）。

这种以人为本，突出人文因素的策略不仅体现在《时报信息》对原文的取材上，还体现在对原文所包含的内容和视角的态度上。以下笔者将从铁木志科所提出的文化交流的三种模式，即文化复制、文化传递和文化转移与翻译的交集来探讨《时报信息》对原文内容和视角的翻译。正如铁木志科（2007：133）所指出的，并非所有的复制都意味着传递，反之亦然，同样，并非所有的传递和复制都意味着文化转移。这三种模式会以任意方式的排列组合出现在翻译中。

《时报信息》的语料库中曾经有题为《面向海外招生的美国小镇》（“Tiny Town Recruits Students Worldwide”）这样一篇报道，讲述纽约小镇纽科姆的入学率已经降到了历史冰点。这时，校长克拉克·亨茨向世界各地的学生推荐美国式教育，结果吸引到了来自 19 个国家的学生以及周边地区的生源。报道中有一段话描述了来自不同国家的学生是如何相处的：

原文：

The Goodspeeds are housing a Vietnamese student, Quan Luu. In Katherine Larkin's history class, Taylor and Quan debated the Vietnam War. Quan said reports of torture at the prison known as the Hanoi Hilton were exaggerated.

“It makes history exciting,” Ms. Larkin said.

The boys are now friends. Taylor gives Quan a hard time about how Vietnamese people eat dogs; Quan gives the Goodspeeds' dog, Rusty, a big hug and says, “You look delicious.” (*New York Times*, June 12, 2011)

译文：

古德斯皮德家也寄宿着一位来自越南的学生刘泉（Quan Luu）。在凯瑟琳·拉金老师的历史课上，泰勒和刘泉就越战激烈地争辩起来。泉说，被称为“河内希尔顿”的那所监狱的酷刑报告被过分地夸大了。

“这样的辩论使历史课更精彩。”拉金女士说。

现在这两个男孩成了朋友。泰勒总说越南人如何吃狗肉来让刘泉难堪；而刘泉则抱着古德斯皮德家的狗鲁斯提开玩笑地说：“你看起来很好吃。”

原文呈现了国际学生如何与美国本土的学生相处的场景，举了一些不同的文化立场和文化行为的例子。比如对越南战争的不同理解，亚洲人和美国人对狗的不同态度。每一个例子都完全可能在中国和美国的读者中激起不同的反响。译文忠实地传递和复制了第一个和第二个例子的文化意象，而它们也很好地说明了来自不同文化背景的学生是如何相处的。

在试刊的科技栏目所译介的文章《史上最酷的工作穷途末路了吗？》（来自《纽约时报》，2011 年 4 月 23 日）报道了这样一个事实：美国国家航空航天局仍然将会雇用一些宇航员，但他们是否有飞行的机会或以何种方式飞行却是个未知数。在这篇报道中，宇航员和其他岗位一样，只是一份普通的工作。因为美国航天飞机项目行将结束，宇航员面临着职业危机，畅游太空的机会越来越小，最终有可能不得不各奔前程。该报道向中国读者传递了这样一个信息，即宇航员和其他的职业比如公司雇员或教师等没有什么区别，也要遭受职业生涯和人生中的高潮和低谷。而这一点有可能会对中国读者形成冲击，因为在中国，宇航员几乎是英雄的同义词，成为一名宇航员不仅是从事一份工作，更意味着达到了人生的巅峰，意味着“为国争光”。2008 年“神舟七号”成功发射，中国宇航员登陆太空时，媒体这样报道：“翟志刚在太空的第一步意味着中国往前跃进了一大步。”[①]中国宇航员肩负着振兴民族的重任，因而也受到国家无微不至的照顾，他们终身都不用担心失业的威胁。然而在美国，宇航员只不过是“史上最酷的工作”。如此一来，通过翻译的报道，一种新的视角及该视角所产生并依存的社会体系被传递和介绍到译语文化的社会语境中。

① 人民网，2008 年 9 月 27 日。

经由翻译而产生的文化转移在《时报信息》的译文中也屡见不鲜。不用说已经成为汉语词汇一部分的流行电子产品名称如“ipad”“iphone”“icloud”等在其报道中不时可见，还有不太常见的产品名称如Heathkit（注：美国早期的音响品牌，中文名为“幸福牌”）（来自“Reaping the Rewards of Risk-taking”，《纽约时报》2011年8月27日），也直接在译文中获得复制和转移。《时报信息》正式出版时所开设的专栏“极客生活”（Geek style）描述了各种不同寻常的和高科技产品相关的生活方式与创意。“极客”这个词最初具有鄙夷的意味，后逐渐发展为对具有极高技术能力的电脑黑客的贬称，目前它指代业余时喜欢在电脑网络上与人交往的人。这个栏目不管是从具体内容还是其栏目名称上的翻译上看，都是对美国高科技社会的生活理念变迁的介绍与移植。另外两个栏目“闪点”（flashpoints）和“亚文化”（subculture）也与“极客生活”有异曲同工之处。再比如，创刊号中对李开复的文章《中国将迎来信息技术的黄金时代》（“China is Poised for an I.T. Golden Age”）的译文将其中的一个关键词“killer application”翻译成“杀手级应用”，以指代那些天才的计算机程序开发，这大概也算是对美国科技文化概念的直接移植。通过对上述源语文本的翻译，美国式“创新”的传统和价值观以及创新精神对年轻人的滋养和激励都被传递和转移到中国文化中来。实际上，对创新和人文精神的尊重和凸显是《时报信息》在选材和翻译过程中所表现出来的主要特征。

5. 全球化语境下的科技翻译：文化共享与渗透

比较阅读《时报信息》中的译文与《纽约时报》的原文，我们发现英语文本中的一些元素被有选择、有目的地复制、传递和转移到译语文本中，其所产生的结果有可能是影响译语读者的价值观、生活理念和方式，正如其创刊号开篇所提到的，追求一种创新的、时尚的“生活方式”。玛利亚·路易·布拉特（Maria Louise Pratt）曾将翻译作为一种隐喻的概念以分析跨文化交际和文化间的交互作用：

> 如果对于魏因伯格（Weinberger）来说翻译的乌托邦是诗歌，在纪尔兹（Geertz）看来翻译有两个栖息地：其一为文学评论，这是一个将过去翻译至当下的领域。来昂乃尔·屈里林（Lionel Trilling）是这个领域的偶像人物，纪尔兹从他那里继承了道德想象这种类别。其二为人类学研究中所呈现的最深刻、最具有潜在可能性——但未必具有其专业格式的研究。最具代表性的文本是纪尔兹所引用的丹麦旅行家所做的19世纪80年代在巴厘岛上用火刑处死一名寡妇的长篇描述。（Baker，2009：8）

文化研究学派认为：“翻译是一种文化在应对‘他者’之时所采取的一种策略。”（Bassnnett & Lefever，2001）那么，以科技进步和信息发展为主要特征的全球化的时代，对科技文本的翻译承载着无比丰富而全面的社会文化使命，因而我们也许可以说：在当下，另一个翻译的栖息地出现在一种文化遭遇另一种文化的科技进步发展的冲击之时。以《时报信息》的翻译为例，从语言的角度来观察，尽管科技翻译偶尔会出现一些别有深意的、明显的不对等之处，但总体上都比较忠实于原文。但是，就如我们前文所做的分析，在选择原文的阶段，翻译杂志的出版人（或赞助人）已经进行了颇有意图的介入——选择能够传递“创新”理念，推进高科技的、健康的、时尚的生活方式的原文。值得进一步指出的是，虽然《纽约时报》方没有授权《时报信息》翻译涉及意识形态和政治内容的文本，可是这两方面的内容在以科技为主题的报道中却随处可见。

在第二期“启示”一栏所发表的题为“香港高校进军内地”（“Asian Institutions Turn to East for Higher Education”，《纽约时报》，2011年12月25日）的文章中，多处提到学术自由的话题，并出现“虽然中央政府有钳控学术的历史”（第34页）这样的表述。英文报道中有三个关于大学的学术特色和学术精神且全部为直接引语的段落，例如：“It will also help realize our vision to be a first-class comprehensive research university acknowledged locally, nationally and internationally. Moreover, it will serve to create more student internship and job opportunities and help the university forge closer ties with industry.”在译文中被全部删除。译文着力传达的是香港高校进军内地所面临的政治、经济方面的程序，而非学术问题。其英文标题中的“East”原本暗示了一个历史背景，即香港高等教育过去通常是从西方（West）取经，尊崇并实践西方教育体制，与此相对，它在将来会将目光转向东方体系。但译者并没有关注这一点，而是将其替换成具有中国特色的表述“进军内地”，原文中客观而冷静的观察消失了，代之以一种裹挟而来的特定立场和姿态。

在《时报信息》语料库中有一篇译文《埃及企业家的另一场革命》（“Egypt Entrepreneurs Look Beyond the Revolution”，《纽约时报》2011年7月16日），虽说表面上报道的是关于信息技术革命的主题，但首先读到的却是有关政治动乱和社会革命的报道。而且在这则关于阿拉伯地区女性创办企业，开展高科技活动的报道中我们甚至嗅到了一些女权主义的气息。在该报道的前三段，最引人注目的表达不是“科学”和“技术”，而是“革命”。

原文：

“Like so many other young people in Cairo, Yasmine el-Mehairy saw no future in Egypt. What she saw was a dead end.

Then came Tahrir Square.

Six months after an uprising led by people like her ousted Hosni Mubarak and overturned the established order of the Arab world, el-Mehairy has joined the ranks of Egypt's newest business class: the entrepreneurs of the revolution. Instead of leaving Egypt as she had planned, she is staying to nurture a startup called SuperMama, an Arabic-language website for women that has 10 local employees.”

译文：

如同开罗的许多年轻人那样，雅斯敏·埃尔梅海里（Yasmine el-Mehairy）也曾经对埃及的未来绝望。她所看到的，是一条死胡同。

后来，发生了塔利尔广场革命。

由埃及民众发起的革命将总统胡斯尼·穆巴拉克（Hosni Mubarak）赶下了台，也推翻了阿拉伯世界原有的秩序。当时，埃尔梅海里也参与了革命。6 个月后，她加入到了埃及最新的商业阶级——革命企业家的队伍当中。她没有像从前计划的那样离开祖国，而是留下来创办了一个名为“超级妈妈”的网站，这个阿拉伯语网站面向女性群体，目前有 10 名本地雇员。

虽然这则报道的主题可以理解为：科学和技术的发展无处不在，即便在埃及这样一个动荡的国家也不例外，可是它对于埃及的社会动荡及其所产生的后果的描述同样令人印象深刻。因此，可以肯定地说，《时报信息》所复制、传递和移植的并非完全是像它自身所描述的那样仅限于科学、技术、教育和健康方面的内容，原文所携带的政治、社会、文化因素也大量地渗透进译语文化，为译语读者所共享。至于译文读者是如何接受这些信息，则是另外一个需要深入讨论的主题。不过我们认为在科技翻译中，文本自身所承载和体现的文化传统、价值观以及生活方式等，会表现得更加自然、真实，看似没有负载太多的主观偏见，因而有可能使得这些蕴含在科技文本深处的内容在不知不觉中被自然地发掘和接受。

以上分析表明《时报信息》不仅仅是一本刊登最新的科技发展、倡导创新理念、引领时尚的生活方式的翻译杂志，从总体上看，它其实从全方位再现了一个变化和发展中的世界，引导着译语读者对这个世界产生新的认知和感受，并影响着他们的生活方式。在全球化的时代——或者说是扩张性的全球化的时代，文化翻译的内涵应该有所拓展，科技文本的翻译在文化的渗透和共享、对译语文化所代表的民族实力的建设（nation building）具有强大的作用。

参考文献

Baker, Mona (ed.). *Translation Studies: Critical Concepts in Linguistics*. London and New York: Routledge, 2009.

Basil, Hatim & Munday, Jeremy. *Translation: An Advanced Resource Book*. Shanghai: Shanghai Foreign Language Education Press, 2010.

Bassnnett, Susan & Lefevere, Andre. *Constructing Cultures*. Shanghai: Shanghai Foreign Language and Education Press, 2001.

Pompeo, Joe. "An insider takes over the 'Times' foreign desk, in an unlikely period of expansion amid international turmoil". *The New York Times*, Sep. 13, 2011.

Schaffner, Christina. "Translation and intercultural communication: similarities and differences". *Studies in Communication Sciences*, 2003 (3/2): 79-107.

Tymoczko, Maria. *Enlarging Translation, Empowering Translators*. Manchester: St. Jerome Publishing, 2007.

Venuti, Lawrence. *The Translator's Invisibility: A History of Translation*. London & New York: Routledge, 1995.

郝大维，安乐哲．期望中国——中西哲学文化比较．施忠连等，译．上海：学林出版社，2005.

胡牧．翻译研究：回归现实世界——对"文化转向"的再思考．中国翻译，2011（5）：5-10.

王东风．功能语言学与后解构主义时代的翻译研究．中国翻译，2007（3）：6-9.

Translation as cultural interaction: A case study of the translation of *Science Times-China*

Abstract: This paper investigates the translation of *Science Times-China* and discusses why specific categories of contents are selected for translation. This research finds that translations of *Science Times-China* tend to be semantically faithful to the English version while purposeful transmission and transculturation are obvious in the translation, and thus make it a representation of the original stories. The paper also discusses how *Science Times-China* will possibly be accepted by and influence the Chinese readership. Both as translator and reader of translations, we need to have a more nuanced understanding of how translation is to make subtle changes on the way we understand and live in the world.

Key words: cultural infiltration, translation of science and technology, transmission, representation, transculturation

（此文发表于《上海翻译》，2012 年第 4 期）

如何讲述中国故事：全球化背景下中国文学的外译问题

张春柏

摘　要：本文讨论全球化背景下中国文学的外译问题。本文首先探讨了中华人民共和国成立后几十年中国文学的外译本在西方遭受冷遇的原因，认为这主要不能归因于我们的官方赞助人、意识形态和翻译策略，而是因为当时译入语文化尚无对了解中国文化和文学的迫切需要。笔者指出，在全球化背景下，随着中国国力的增强，中西文化交流日益深入，西方社会了解中国文化和中国文学的愿望也日益强烈。在这一背景下，越来越多的中国文学作品正在被译成外语，西方译者采取的翻译策略也开始趋向异化，这正是因应了西方读者对原汁原味的中国文化和文学日益增长的需求和期待。笔者认为，中国文学要真正走出去，也应该着眼于如何满足这种需求和期待。

关键词：全球化；中国文学外译；译入语文化的需要；读者期待；翻译策略

1. 引言

近年来，特别是 2012 年莫言获诺贝尔文学奖以来，我国学界围绕着中国文学如何走出去这个问题，进行了热烈的讨论，其中有些观点不无偏颇。本文试图从理论与实践两个层面厘清一些观念，期待引发更深入的讨论。

2. 译入语文化的需要与源语文化与文学传播与接受

中华人民共和国成立以来，我国政府为了传播中华文化与文学，在中国文学与典籍的译介上做了很多努力，如出版了外语版《中国文学》期刊、“熊猫丛书”和《大中华文库》等，但是这些努力成效甚微。近年来，我国学者对中国文学在西方接受度不高的情况做了不少研究，寻求应对之策。

郑晔对《中国文学》杂志在1951年至2000年间的“生产过程及其在海外的接受和传播情况”（郑晔，2012：iii）进行了研究，他提出《中国文学》在海外接受不佳的主要原因就是“国家赞助人的赞助身份和管理职能”及其“政治宣传的色彩”，解决之道是“半官方译介或非官方译介”“有效去除官方意识形态”（郑晔，2012：144）。

耿强对“熊猫丛书”的命运做了一项类似的研究。他认为，译本能否受到欢迎“在很大程度上取决于接受方对译本的选择性阐释和接受，如果发出方推出的译本与接受方读者的期待视野产生偏差甚或冲突，译本很有可能不会产生任何反响。这种冲突既可能源自双方在意识形态上的不同，也可能源自双方在诗学和赞助人方面的差异”（耿强，2010：5）。他还认为，20世纪80年代“熊猫丛书”之所以没有受到西方读者的良好接受，主要是因为不符合西方读者“政治的审美视角”，即西方意识形态和诗学标准（耿强，2010：4）。因此，他提出，“通过文学译介促进中国文学的域外传播，必须在高质量的翻译的基础上，跨出语言转换的藩篱，充分考虑接受方的文化、文学甚至地缘政治语境，并及时调整自己的选材、翻译策略和方法以及营销策略等”（耿强，2010：136）。

对于《大中华文库》的传播，尚未见系统研究，但不少学者指出了一个事实（如谢天振，2013b，2014）：《大中华文库》已经出版了一百多种，但被国外出版社看中并购买版权出版的只有一种。我国驻各国使领馆把这些书作为赠品送人也鲜有人问津。这个文库在海外传播的情况可见一斑。①

对于中国文学在海外遭受的冷遇，不少学者还从中国译者的翻译策略上找原因。研究最多的无疑是《红楼梦》的两个全译本。一个公认的事实是，霍克斯的译本在域外的接受度要高于杨宪益和戴乃迭的译本。如根据江帆的调查，“英美学术圈对霍译本的实际认同程度远远超过了杨译本”。从传播的角度看，美国伊利诺伊州六十五所大学中，有“十三所大学存有霍克斯译本，只有两所大学存有杨译本”。而且，“在有限的普通读者群中，霍译本获得了一致的推崇，而杨译本在同样的读者群中的评价却相当低，二者之间的分数相差悬殊，部分读者对杨译本的评论甚至极为严苛”（江帆，2007：195）。在谈到两个译本在西方的不同际遇背后的原因时，谢天振（2013a）把它归结为两者在“翻译方法上的不同取向”，即霍译归化取向和杨译的异化取向。谢天振还以以下两例说明了这个立场。

1）吃着碗里的，看着锅里的。（《红楼梦》第 16 回）

Always one eye on the dish and the other on the saucepan.（霍译）

Keep one eye on the bowl and the other on the pan.（杨译）

2）巧妇难为无米之炊。（《红楼梦》第 24 回）

Even the cleverest housewife can't make bread without flour.（霍译）

Even the cleverest housewife can't cook a mean without rice.（杨译）

谢天振认为，考虑到意识形态、诗学、赞助人等因素，霍克斯的归化译本显然更好，因为它更易为西方读者所接受。据此，谢天振进一步提出，“在翻译策略上，要尽量采用归化的方法，用跨文化阐释

① 当然，这只是反映了事情的一个方面，许多、许钧（2015）的最新文章针对这个情况表达了很有前瞻性的思考。

的方法，让译作读起来流畅自然，增加译作的可接受性”（王志勤、谢天振，2103）。

上述研究，无疑触及了中国文学作品在海外接受度不高的部分原因，如这些作品的英译本与“接受方读者的期待视野”之间有着较大的“偏差”，这些作品中反映的意识形态与西方意识形态也有“冲突”。但是，笔者认为，这些解释是不充分的，部分观点是有些偏颇的，提出的迁就西方读者的期待甚至意识形态的解决之道也不见得可行。

首先，把中国大陆翻译的中国文学作品的外译本在域外遭到的冷遇归咎于政治和意识形态并不妥当，因为港台地区的文学也有同样的遭遇，甚至韩国的文学作品在西方的接受度也并不高。一般而言，发展中国家的文学在西方发达国家的接受度都不是很高。

其次，关于“有效去除官方意识形态”的建议，笔者认为既不可取，也不可能，因为意识形态是深深扎根在文学作品中的东西，它们本身就是“中国故事”中不可或缺的部分。我们无法想象当代中国文学作品中要是去除了这些东西还会剩下些什么。恐怕走出去的已经不是中国文化了。更重要的是，我们不能为了迎合西方“读者”而刻意淡化甚至改变自己的意识形态。这是任何文化都不可能做的事。

至于“调整”“选材”的建议，虽然有一定的道理，但是我们同时也应该看到，2000 年前的《中国文学》似乎很难筛选出更符合西方意识形态和读者期待的作品。杨宪益和戴乃迭毕其一生翻译的中国经典，煌煌数十部，洋洋千万言，其中应该不乏好的选材，但它们在西方的接受度都不高，这又说明了什么呢？

事实上，在当时的历史文化和国际政治语境中，几乎任何中国文学作品都不可能赢得大量的西方读者。

那么，上述中国文学作品的外译本在西方遭受的冷遇又应该如何解释呢？要回答这个问题，我们不妨也借用巴斯奈特和勒弗维尔（Bassnett & Lefevere，1998：3）的一句话：翻译活动不是在真空中进行的，而是在一定的历史文化语境中进行的。同样，翻译活动的产品在译入语文化中的接受也不是在真空中进行的，它牵涉到许多因素，包括意识形态和诗学因素，但是最重要的因素恐怕还是译入语文化的需要（胡晓明，2013）。一种文化在其他国家的顺利传播，也是如此。中国翻译史上的几次高潮，包括公元 2 世纪中叶至 12 世纪初的佛经翻译，明末清初的科技翻译，清末严复和林纾等人的社科和文学翻译，以及五四运动以后的西方文学翻译和 1949 年至 20 世纪 60 年代初的俄苏文学翻译，概莫如此。以佛经翻译为例，有一个众所周知的史实：长安的前秦统治者苻坚在公元 379 年攻打襄阳，竟然只是为了掳来佛学大师道安。公元 383 年，为了抢夺鸠摩罗什，他又命吕光率重兵长途跋涉去攻打龟兹。统治者为了区区僧人如此兴师动众，显然不仅仅是出于他们个人对佛教的兴趣，而是整个中国文化对佛教的需要，否则就无法解释他们的这种“高成本”行为，无法解释这些大师来华后的译经活动和成就，也无法解释法显和玄奘等中国高僧不畏艰险远赴西域取经，引进异域文化，丰富中国文化的活动，更无法解释整个佛经翻译史和佛教对中国文化的影响。在西方翻译史上，几次重要的译经活动，如圣哲罗姆翻译的拉丁语版《圣经》，马丁·路德翻译的德语版《圣经》和钦定本英语版《圣经》也都是因应了当时译入语文化建设的需要。

同样，中国文学和文化在域外的传播也是迎合了相关国家和地区对中国文学和文化的需要。历史上中国典籍在日本、朝鲜和东南亚国家的翻译和传播是如此，近代西方对中国典籍的翻译和传播也是如此。其中最成功的例子之一，大概就是老子在德国的传播了。余秋雨（2013：8）曾不无自豪地写道：“有一段时间，德国人曾骄傲地说：‘全世界的哲学都是用德文写的。’……然而，当他们读到老子就开始不说这种话了。据统计，现在几乎每个德国家庭都有一本老子的书，其普及程度远远超过了老子的家乡中国。”这个事实也充分说明，译入语文化的需要是源语文化和文学得以传播的首要条件。过去几十年中国文学作品的外译本在西方的传播效果不佳，最主要的原因还是西方文化还没有产生对中国文学和文化的内在需要。在这种历史文化语境中，任何选材和翻译策略都不会产生很好的效果。

3. 全球化背景下中国文学翻译策略的变化

在解释中国文学在西方接受度不高的原因时，人们常常以杨宪益和戴乃迭译本的遭遇为例，归咎于译者采取的异化翻译策略，认为是这种策略不符合译入语读者的“期待”所致。同样，在解释莫言获得诺贝尔文学奖的原因时，有些学者则认为，主要归功于葛浩文等译者的归化策略。笔者认为，这些文学作品接受度的高低，不能简单地归结为翻译策略的选择。霍译本的成功，主要在于它的翻译质量。更具体地说，它更符合译入语文学的诗学规范。按照王宏印（2004）的说法，主要归功于霍克斯在文学翻译“体制”上的“更新与独创”，包括长达 46 页的序言与介绍、正文与格式、附录与注释等，而这些方面正是杨译所欠缺的。我们必须看到，霍克斯本人在主观上是尽可能地忠实原文的。用他自己在第一卷序言中的话说，“My one abiding principle has been to translate *everything*—even puns. … I have therefore assumed that whatever I find in it is therefore a purpose and must be dealt with somehow or other”。霍克斯忠实原文的努力还体现在许多其他细节上。如对于书中给翻译带来巨大挑战的众多人名，霍克斯不是简单地采用音译或意译的方法，而是根据不同的情况，采用不同的称谓、音译释义、用法语和拉丁语和增词等手法，“将《红楼梦》中众多人物的长幼、主仆、尊卑等错综复杂的关系提示得一清二楚”（林克难，2000）。霍译本中的这种现象，似乎很难简单地用“归化”二字来总结。当然，相较于杨译本，霍译本更倾向于归化策略。上面《红楼梦》第 16 回和第 24 回的两个例子也说明，霍译本更倾向于迎合当时的普通西方读者。

但是，我们还必须看到，霍克斯的主要目的并不是传播中国文化。正如他在第一卷序言中所说的，他主要是为了向他的读者介绍这部伟大的中国文学作品，传达这部小说给予他的“阅读快感”（convey...the pleasure this Chinese novel has given me）。从他删改的内容看，他并没有把小说中“一切有目的的东西”都“传达”出来。在传播中国文化方面，他甚至是比较失败的。例如，为了刻意避免书中随处可见的“红”字，他把书名翻译成 *The Story of the Stone*，把“怡红公子”和“怡红院”分别译为 Happy Green Boy 和 the House of Green Delights。霍克斯本人在序言中解释说，他很清楚红色在中国文化中的含义，但是他认为这些含义更接近英语中“金色”和“绿色”的内涵意义，这样翻译实在是不得已而为之。有得必有失，在中国情感结构中处于重要地位的“红色”与“梦”的庄周意涵在译本中被隐匿或者消减了。另外，霍译中还把“阿弥陀佛”译成了 God bless my soul，把“谋事在人，成事在天”译成了 Men proposes, God disposes。这类翻译显然必须有节制。这类话如果出自普通人之口，尚可如此翻译，但如出自一位和尚或虔诚的佛教徒之口，这种译文就如同让和尚穿上神父的袍服，如此，“走出去”的就不是中国文化了，这显然不是我们应该效法的，正如我们不能把英语小说中的“God bless me”翻译成“菩萨保佑”、不能把阿拉伯语中的“真主保佑”翻译成“God bless me”一样，我们不能为了迎合西方读者的“期待”把自己的文化归化为西方文化。

这里我们不妨回到莫言小说的葛浩文译本。在探讨葛译本的成功时，不少人又把它归功于归化的翻译策略（如谢天振，2012，2013b，2014；樊丽萍，2013）。他们认为，这些译本主要采用了归化的策略。为了迎合西方读者的阅读习惯和审美趣味，译者甚至“放开手脚”，大胆地“连译带改”，从而让莫言作品的外译本顺利地跨越了“中西方文化心理与叙述模式差异”的“隐形门槛”，成功地进入了西方的主流阅读语境（谢天振，2012，2013b，2014；樊丽萍，2013）。

这一点并不完全符合事实。葛浩文本人在 2014 年 4 月 21 日在华东师范大学主办的一次国际研讨会上所做的主旨发言中曾抱怨说：他对原文所做的改动“大部分都只是一些很简单的修饰或修正作者的错误或马虎的地方。有人曾指责我连译带改，事实与他指责的相差甚远。最近几年老有人说我的翻译是‘creative translation’，我不太清楚这是褒词还是贬语，有几个中国朋友跟我说，是褒奖，但是他们似乎不知道听起来多么刺耳。我不知道说过多少遍了，书里也都说明了，译文的更改绝大多数是美国或英国出版社的编辑所做的，但中国读者，尤其是媒体，总指责我为罪魁祸首”（葛浩文，2014a）。

葛浩文还在另一篇文章中补充道：“再就是2部莫言的小说，是被出版社，Arcade Books，删减的；其中一部删了不少文字，后来我把删减的文字又补回了一多半。”（葛浩文，2014b）

由此可见，作为译者，葛浩文至少在主观上还是尽可能忠实原文的，并没有“放开手脚”“连译带改”。正如文军等人（2007）的研究所证明的，“忠实始终是葛浩文翻译实践的第一准则”。我们不妨看看以下的例子：

1）花生花生花花生，有男有女阴阳平。（《丰乳肥臀》第一卷第二章）

Peanuts peanuts peanuts, boys and girls, the balance of *yin* and *yang*. (Goldblatt, 1996: 7)

2）人过留名，雁过留声。（《丰乳肥臀》第一卷第六章）

A man leaves behind his good name, a wild goose leave behind its call. (Goldblatt, 1996: 27)

3）我没有说谎，向玉皇大帝保证，……（《生死疲劳》第一部第七章）

But I swear to the Jade Emperor in Heaven that I'm not lying. (Goldblatt, 2006: 59)

4）“不敢，”我的主人说，“我跟人民公社是井水不犯河水”。（第一部第十一章）

"I wouldn't dare," my master replied, "the People's Commune and I are like well water and river water—they don't mix." (Goldblatt, 2006: 104)

不难看出，上面的英语译文是相当直译的，其中不少词的译文用了“中国英语”，如 *yin*, *yang*, the Jade Emperor, Heaven, the People's

Commune 等（葛传椝，1980）。这类例子在葛浩文翻译的莫言小说中并不少见。

读着这些例子，人们不禁会想：假如译者是当年的霍克斯的话，译文会是这样的吗？答案显然是否定的。在这方面葛浩文的译文与杨译《红楼梦》更为接近。如上面第 3 例中他把“玉皇大帝”译为 Jade Emperor，而不是 God，而后者正是霍氏译法。诚然，葛译中也有不少归化的东西，但是我们不难看出，相较霍译《红楼梦》，葛译莫言小说的异化程度无疑要高出许多。这是稍做比较即可得出的一点结论。

在探讨莫言获得诺奖的原因时，我们首先不应该忘记，莫言的背后，是在全球化进程中日益强大的中国和日益为世人了解和接受的中国文化与中国文学。没有中国全方位的进步和发展，西方读者便不会对中国文学、中国文化乃至汉语本身产生日益强烈的兴趣，也不会有当前由西方出版社赞助，葛浩文、陈安娜等西方译者掀起的中国文学外译的这一波高潮，当然也不会有莫言获奖这件事。莫言本人在诺贝尔文学奖颁奖典礼上的演讲中也说：“我必须承认，如果没有 30 多年来中国社会的巨大发展与进步，如果没有改革开放，也不会有我这样一个作家。”（莫言诺贝尔文学奖演讲，2012 年 12 月 8 日）

莫言获诺奖，翻译功不可没，这是毫无疑问的。但是，这种翻译不是“连改带译”式的翻译，更不是靠大幅度删节删出来的。瑞典文学院 2012 年 10 月 11 日的新闻公报说，把 2012 年诺贝尔文学奖授予中国作家莫言，是为了奖励他用“魔幻现实主义融合了民间故事、历史与当代社会”。今天，我们在讨论葛浩文等译者的译文的时候应该看到，这些译文不但比较成功地再现了莫言讲述的中国故事，包括民间故事、历史与当代社会，而且还比较成功地再现了莫言讲故事的方式，而后者是符合当代西方文学规范的。葛浩文的翻译不是霍克斯式的“创造性翻译”，而是较为忠实原作的翻译。在翻译策略上，葛浩文译本与霍译《红楼梦》完全不可同日而语。

莫言的小说之所以能打动诺奖的评委，在众多的中国作家中脱颖而出，不仅仅因为是他讲述的中国故事——因为许多其他当代中国小说家，如王安忆、毕飞宇、陈忠实、阎连科、贾平凹、姜戎、余华等，讲述的也是中国故事；也不是因为他的小说接受度更高，传播范围更广，因为上述作家的部分小说的英译本的销量远远超过了他的《生死疲劳》等获奖作品。根据 2011 年 1 月 11 日亚马逊北美店的销售榜，"莫言的《生死疲劳》和《变》，排位均在 60 万名之外"，远低于姜戎的《狼图腾》（硬皮精装本）的第 84187 位和余华的《兄弟》（纸皮平装本）的第 206596 位。排在《生死疲劳》和《变》前面的还有毕飞宇的《青衣》和《玉米》等（吴慨，2011），而这些小说的英译本有些也出自葛浩文之手。莫言打动评委的，或许是他的小说的"文学性"引起了更多的共鸣。具体地说，是他讲的故事和讲故事的方式得到了更多的认同。总之，他的创作手法与中国故事结合起来，为他赢得了诺贝尔文学奖。正是在这个意义上，我们可以说葛浩文的翻译成功了。这个例子还说明，评判一部译作成功与否，不能光看销售量，正如票房最高的电影不一定能入围"奥斯卡"一样。

霍克斯和葛浩文的翻译活动还告诉我们，译入语文化的需要不是一成不变的，译入语读者对源语文化的期待和理解能力也不是一成不变的。许多在霍克斯时代倾向于归化的东西，现在异化翻译已经完全可以为译入语读者接受甚至期待了。这就是全球化背景下中西方文化交流的必然结果。

这里，还有必要指出，在翻译实践中，归化（直译）和异化（意译）都是不可避免的。没有百分之百归化的译本，也没有百分之百异化的译本，有的只是程度的不同。从归化到异化其实是个不间断的连续体（continuum）。如果把霍克斯的《红楼梦》译本和葛浩文的《生死疲劳》译本放在这个连续体上，就会发现，相对而言，霍译本比较接近归化一边，而葛译本则比较接近异化一边。

这种从归化趋向异化的现象，也反映在中国译者的外向翻译中。如根据张南峰（2015）的一项研究，在中国文学作品的外译中，中国的度量衡词经历了一个从归化到异化翻译的过程：

表 1　20 世纪中国文学作品中四个度量衡单位的英译

单位	40 年代	50 年代	70 年代	1988—2008 年
亩（*mu*）	acre	*mou*	*mu*	—
里（*li*）	miles	miles	*li*	*li*
斤（*jin*）	catty	catty/pound	catty	*jin*
尺（*chi*）	foot	foot	foot	*chi*

（张南峰，2015）

从表 1 中可以看到，“在 20 世纪 40 年代，‘亩’‘里’‘尺’都被换成英国的度量衡单位，‘斤’则用英语中已有的来自马来语的借词‘catty’来翻译，可见当时着重的是通顺易懂，大致上是归化策略，但在往后的年代，这些单位逐个被改为用音译处理：50 年代是‘亩’，70 年代是‘里’，80 年代之后是‘尺’以及在英文里本来已有对应词的‘斤’。这种变化显示，在这六七十年间，汉英文学翻译的规范从归化一步一步地、不可逆转地走向了异化”（张南峰，2015）。

再如，以前倾向于意译的许多中国饮食文化词汇，现在也往往改用音译了。例如在许多美国川菜馆的菜单上，“饺子”曾译为 dumpling，“宫保鸡丁”则译为 Szechuan chicken，spicy chicken 或 spicy chicken with peanuts，现在 jiaozi 和 Kungpao chicken 已经成了常见的译名。

上述例子虽为中国译者所译，但也从一个侧面反映了一个事实，即随着日益频繁的中西文化交流，对许多以前通常意译的中国文化负载词，西方读者现在已经比较能够接受直译甚至音译的译文了。从多元系统论的角度看，这似乎也反映了中国文化和中国文学正处在从边缘向中心移动的过程中。

4. 日益成熟的西方读者对中国文学与文化的期待

与中国文学外译应采用归化策略的主张相伴的是“读者期待”论，似乎西方读者总是会期待归化的译文，殊不知“读者期待”本身是个有点“诡异”的概念，特别是严肃的文学作品的“读者”。他们可以是学者，也可以是公司职员，甚至是普通蓝领。在当代西方社会，虽然高等教育已经普及，但是读者对文学作品的“期待”并不一致。有的读者读书只是为了消遣，他们需要的只是有趣的“故事”，还有一些读者则期待真正的文学经典，只是前者通常居多数。中国的情况也是如此，我国语内翻译（Jakobson，1959/2004）的许多经典文学作品，如由四大经典小说改编的评书和影视剧，就是面对普通读者和观众，甚至少年儿童的。这说明大部分读者的欣赏水平还不够高，还不能够理解原作，在某种意义上说还需要“扫盲”，但是我们不能因此把改编当原作，把通俗当经典，把戏说当历史。我们不能因为通俗本传播更广、“接受度”更高就认为原作不如通俗本，更不能因此认为严肃的译本必然比“尽可能归化”的译本差。我们必须看到，还有许多读者期待阅读原汁原味的文学作品。正因为如此，许多严肃的文学作品，如莎士比亚戏剧会有多个译本，以满足不同读者群的诉求。换言之，我们不能因为普通读者“期待”通俗的译本就以为必须把《红楼梦》当作一部通俗小说来翻译，因为当一部充满文化内涵的严肃文学作品被文化“阉割”之后，“走出去”的就不再是源语文化了。

其次，我们还必须看到，读者理解、欣赏异域文化的能力和品位是可以提高的，他们是会“成长”的。当他们发现“罗密欧与朱丽叶”和“梁山伯与祝英台”不是一回事时，便自然不会再期待这种极度归化的翻译了；当他们发现 Szechuan chicken 和 spicy chicken 不一定是“宫爆鸡丁”时，就会期待更准确的翻译，于是 Kungpao chicken 便应运而生了。同样，英语中的 pizza 曾经译为“意大利馅饼”，但是当国人真正接触到这种美食后，却发现它的“馅料”竟然是洒在上面，而不是和中国的馅饼一样包在里面的，于是“披萨饼”便诞生了。这说明，在过去几十年里，读者对异质性的接受度一直在提高，甚至越来越期待了。媒体语言和日常口语里的零翻译（如 WTO、APEC、NBA、MBA、GDP、PM2.5 等缩略语和口语中的“你已经 out 了”“我 hold 不住她”中的 out 和 hold 等）和音译（如 guanxi，bu zheteng 等）现象也因此越来越普遍。2013 年 12 月 18 日，《华尔街日报》甚至创造了 dama（大妈）一词来称呼疯抢黄金、推高国际金价的“中国大妈”。在全球化的今天，如果我们还把西方读者和他们对中国文化与中国文学的理解能力和阅读期待锁定在霍克斯时代，以此为出发点寻找中国文学外译的最佳之策，实在无异于刻舟求剑、画地为牢。笔者以为，在跨文化交际日益频繁、日益深入的今天，西方读者必定会越来越“期待”更接近原作本真、更忠实地反映中国文化的翻译。因此，我们的翻译策略似乎应该是在译入语读者可以接受的范围内尽可能异化的策略。

5. 结语

从较为归化的霍译《红楼梦》到相对异化的葛译莫言小说的生产和传播的这段时间，中国经历了从相对封闭到改革开放的四十多个年头。其间，中国从一个贫穷落后的国家迅速发展成为世界第二大经济体，同时通过积极的文化交流，大大地提高了文化软实力。所有这些，使其他国家的人民产生了全面深入地了解中国（包括中国文化和文学）的内在需要和兴趣，这是一些西方出版社和译者翻译出版当代中国文学作品的主要动因，也是诺贝尔文学奖授给一位中国作家背后的原因之一。处于历史进行时中的我们应该意识到，中国文化和文学走出去的步子已然迈出，现在需要探讨的是如何走得更好、更远。从上面的讨论中，我们不难得出结论：在全球化背景下，中国文学的外译，特别是严肃文学作品的外译，必然是采用越来越趋于异化的策略。因为，作为输出方，我们希望自己的文化形象不被曲解，我们的文学经典不被通俗化、低俗化，而作为输入方，西方读者正在迅速“成长”的过程中，他们必然会越来越不满足于被删改过的东西，越来越期待原汁原味的中国文学作品。而这应该是我们讨论全球化背景下中国文学外译的基本点。

参考文献

Bassnett, S. & A. Lefevere. *Constructing Cultures*. Multilingual Matters, 1998.

Goldblatt, H. (trans.). *Big Breasts and Wide Hips*, by Mo Yan. New York: Arcade Publishing, 1996.

Goldblatt, H. (trans.). *Life and Death Are Wearing Me Out*, by Mo Yan. New York: Arcade Publishing, 2006.

Jakobson, R. On Linguistic Aspects of Translation, in L. Venuti (ed.). *Translation Studies Reader* (2nd edition). London and New York: Routledge, 2004: 138-143.

樊丽萍. “抠字眼”的翻译理念该更新了. 文汇报，2013-9-11.

葛传椝. 漫谈由汉译英问题. 中国翻译通讯, 1980（2）：1-8.

葛浩文. 中国文学如何走出去. 在华东师范大学“镜中之镜：中国当代文学及其译介研讨会”上的主旨发言，2014 a- 4-21.

葛浩文. 我行我素：葛浩文与浩文葛. 史国强，译. 中国比较文学，2014b（1）：37-50.

耿强. 文学译介与中国文学走向世界——“熊猫丛书”英译中国文学研究. 上海：上海外国语大学博士学位论文，2010.

胡晓明. 如何讲述中国故事？——“中国文化走出去”的若干理论与实践问题. 华东师范大学学报（社科版），2013（5）：107-117.

江帆. 他乡的石头记：《红楼梦》百年英译史研究. 上海：复旦大学博士学位论文，2007.

康慨. 中国当代文学在美国：一少二低三无名. 中国读书报，2011-1-12（4）.

林克难.《红楼梦》人名翻译艺术欣赏. 天津外国语学院学报，2000（1）：1-3.

刘云虹、许钧. 文学翻译模式与中国文学对外译介. 外国语，2014

（3）：6-17.

王宏印. 试论霍译《红楼梦》体制之更易与独创. 载刘士聪主编，《红楼梦》译评：《红楼梦》翻译研究论文集. 天津：南开大学出版社，2004：65-80.

王志勤、谢天振. 中国文学文化走出去：问题与反思. 学术月刊，2013 年（2）：21-27.

文军、王小川、赖恬：葛浩文翻译观探究. 外语教学，2007（6）：78-80.

谢天振. 多元系统理论：翻译研究领域的拓展. 外国语，2003（4）：59-66.

谢天振. 非常时期的非常翻译. 中国比较文学，2009（2）：23-35.

谢天振. 莫言作品"外译"成功的启示. 文汇读书周报，2012-12-14（3）.

谢天振. 中国文化走出去不是简单的翻译问题.社会科学报，2013a-12-5.

谢天振. 中国文学、文化走出去：理论与实践.东吴学术，2013b（2）：44-54.

谢天振. 中国文学走出去：问题与实质.中国比较文学，2014（1）：1-10.

许多、许钧. 中华文化典籍的对外译介与传播——关于《大中华文库》的评价与思考. 外语教学理论与实践，2015（3）：13-17.

余秋雨. 中国文脉. 武汉：长江文艺出版社，2012.

张南峰. 文化输出与文化自省——从中国文学外推工作说起，中国翻译，2015（4）：84-89.

郑晔. 国家机构赞助下的对外文学译介，上海：上海外国语大学博士学位论文，2012.

How to tell China stories —On the translation of Chinese literature in a globalized world

Abstract: This essay discusses the translation of Chinese literature in a globalized world. It is pointed out that the poor reception of translated Chinese literary works in the West in the past few decades should not be imputed to the official patron (i.e. the Chinese government), Chinese ideology and translation strategies. Rather it was due to the lack of necessity in the target cultures for Chinese culture and literature. It is then observed that, in the process of globalization, with the development of China and the increasing cultural exchange between China and the West, there has arisen an increasingly keen interest in Chinese culture and literature in Western countries. In this process, it is further pointed out, more and more Chinese literary works have been translated into other languages by Western translators and their main translation strategy has been moving from the domestication side to the foreignization side in response to the increasing need and expectation of Western readers for genuine and undiluted Chinese culture and literature. The essay concludes that our whole concern should be how to satisfy this need and expectation for Chinese literature to reach the outside world.

Key words: globalization, the translation of Chinese literature, the need of the target culture, reader expectation, translation strategies

（此文发表于《外语教学理论与实践》2015 年第 4 期）

基于汉英平行语料库的翻译语义韵研究

——以《红楼梦》“忙××”结构的英译为例

赵朝永

摘　要：语义韵是一种特殊的词语搭配现象，是语料库语言学采用数据驱动方法研究词语搭配内部语义关系时发现的一种语义和谐机制，揭示了词语结伴使用时相互间的一种语义选择趋向关系。本研究以《红楼梦》“忙××”结构在原文与三个译文中的对译项为例，借助语料库方法论考察翻译文本语义韵。研究表明，翻译文本语义韵和谐与冲突并存。译者语言能力、翻译策略及原文牵制都将导致译文同目标语原创文本的语义韵冲突，并最终导致译文与原文语义冲突。语义韵是翻译评论的一个指标，也是译者风格描写的一个重要维度，同时还能用于指导翻译教学与翻译实践，对它的研究还可向话语交际及社会语用领域拓展。

关键词：平行语料库；语义韵；语义韵冲突；译者风格；《红楼梦》

1. 引言

语义韵（Semantic Prosody）现象最早由辛克莱（Sinclair，1987）提出，后经卢奥（Louw，1993）正式运用成为术语，20 多年来一直受到学界的持续关注，是语料库语言学研究的焦点之一。研究发现，有些节点词总是习惯性地吸引某一类具有相同或相似语义特点的搭配词，其语义相互感染，相互渗透，在语境内形成一种语义氛围（卫乃兴，2002）。这种语义氛围就是语义韵，是节点词与周围相关搭配词的语义特征交互影响产生出来的意义（卫乃兴，2011：87）。目前，一般将语义韵笼统地分为三大类：消极语义韵（negative prosody）、中性语义韵（neutral prosody）和积极语义韵（positive prosody）（Stubbs，1996：176）。中性语义韵中的关键词既吸引消极含义的词项，也可能吸引积极含义的词项，因此形成一种错综语义韵（mixed prosody）。语义韵存在于一切文本之中，包括原创文本与翻译文本。国内对翻译文本语义韵的研究相对较少。本研究将通过基于语料库的译本个案，考察翻译文本的语义韵特点。

2. 文献回顾

语义韵是一种态度意义（Louw，1993），表明说话者在特定语用情景中的态度（Louw，2000：60），比如“困难”“威胁”和“不情愿”等。语义韵概括了整个意义单位的功能和交际目的（Stubbs，2009：26）。在意义层面，语义韵揭示了语境中弥漫的意义氛围以及词语选择的语义倾向；在功能层面，语义韵揭示了说话者的交际意图与态度，将处于文本深层的隐藏意义发掘出来。语义韵也是一种语境意义，是表达交际意图与作品中人物态度的重要方式。因此，语义韵控制着交际过程中的词语和结构选择，将形式、意义和功能紧密地连为一体（卫乃兴，2011：82）。

语料库尤其是大规模平行语料库的出现，为当前的语言对比、译文评析提供了重要的语料支撑。学者们也逐渐意识到语义韵研究必将影响到翻译实践和理论研究中如何对待对等词的态度（Morley & Partington，2009；Partington，1998；Stewart，2009）。语义韵意识对于译者和语言学习者选择翻译对等词和区分近义词均起到至关重要的作用。帕廷顿（Partington，1998：77-78）研究表明，一方面，两种相近的语言，看似相似的词语其实语义韵差异很大，这对于译者来说意味着一定的翻译风险。而另一方面，即使是类型学差异较大的语言（如英语和汉语）也可能具有极为相似的语义韵（Xiao & McEnery，2006）。同时，译者在翻译过程中还需注意翻译单位的重要性。斯图尔特（Stewart，2009：29-46）认为，译者应当把语义韵在译文中体现出来，通过对语言的直觉洞察语义韵，并将语料库的数据转化为语义韵的理据。由此可见，语料库为翻译实践提供了数量庞大、种类丰富的真实语料支撑，也为译者提供了精确选词的依据。

随之，语义韵的研究成果在国内也开始应被运用于翻译研究领域。胡显耀（2010：73）借助汉英小说语料库，研究英语被动句在转译为汉语译本时的语义韵特点。结果显示，汉语翻译小说被动式的使用频率比原创汉语小说和汉语总体更低，结构更明确，语义韵的否定和消极含义比例更大。唐义均（2012：109）通过对政府白皮书英译文中 persistent/persist in 的抽样调查，发现中方和外方翻译人员在这两个词的使用上产生了严重的语义韵冲突。刘克强（2013）自建《水浒传》平行语料库考察动词翻译，发现译者需从语篇语境意义和功能意义展开，方能充分表达潜藏的语义韵，使译文准确、得体。因此，语义韵既属于意义范畴，又属于功能范畴。在意义轴上，语义韵揭示了语境中弥漫的意义氛围；在功能轴上，语义韵发掘出文本的暗含意义。语义韵是意义与功能的高度统一，由于语义韵的考量范围是整个语篇，因而可以作为译文评析的一个切入点。

3. 研究设计

3.1 研究问题

本研究尝试解答三个问题：

1. 翻译中原文语义韵与译文语义韵的语境意义与交际功能是否

总是一致？

2. 翻译文本语义韵呈现的特点及其形成原因是什么？

3. 译本语义韵研究对翻译实践、翻译教学乃至译本评析有何启示？

3.2 研究对象与工具

本研究拟借助汉英平行语料库与英语原创语料库，对比考察《红楼梦》“忙××”及其对译项语义韵特点，探讨翻译文本的语义韵。本文探讨范围涉及三个英文全译本：英国传教士布拉姆维尔·西顿·邦斯尔神父（Reverend Bramwell Seaton Bonsall，1886—1968）的英译本手稿（简称“邦译本”[①]）、英国汉学家大卫·霍克斯（David Hawkes，1923—2009）与约翰·闵福德（John Minford，1946— ）翁婿的全译本（简称“霍译本”）以及中国翻译家杨宪益和戴乃迭夫妇（Yang Xianyi，1915—2009 and Gladys Yang，1919—1999）的全译本（简称“杨译本”）。本研究依据的中文底本是以亚东重排本为源本的海南出版社 1995 年版《红楼梦》。

本研究采用 4 款语料库软件：用于语料统计分析的 Wordsmith6.0[②]和 AntConc3.3.5w[③]，用于语料平行对齐的 Paraconc[④]，用于对汉语语料进行分词和词性标注的 ICTCLAS2012[⑤]；平行对比软件主要用于实现中英文对齐处理，语料库统计软件主要针对研究需要生成具体的统计数据，并可以通过软件对数据进行一定程度的对比分析。本研究还借助两个在线原创英语语料库：容量 1 亿词的英国国家语料库（BNC）[⑥]

---

① Bonsall 也译作邦索尔、彭寿等。邦斯尔译本未能出版发行，以手稿形式存世，后捐赠给香港大学；2004 年该译本在香港大学以电子发布形式问世，下载地址为：http://lib.hku.hk/bonsall/hongloumeng/index1.html。

② Wordsmith 6.0 由迈克·斯科特（Mike Scott）研制开发，系付费软件，网址：http://www.lexically.net/ wordsmith/ index.html。

③ AntConc 3.3.5w 由劳伦斯·安东尼（Laurence Anthony）研制，系免费软件，还包括另外几款用于辅助统计的软件包，网址：http://www.antlab.sci.waseda.ac.jp/software.html。

④ Paraconc 由迈克尔·巴洛（Michael Barlow）研制，系付费软件，有网络试用版，网址：http://www.paraconc.com。

⑤ ICTCLAS2012 由中国科学院计算技术研究所开发研制，系付费软件，有测试版，网址：http://ictclas.org。

⑥ 检索网址：http://corpus2.byu.edu/bnc，检索时间 2014/5/27。

与容量 4.5 亿词的美国当代英语语料库（COCA）[①]。

3.3 研究步骤

主要研究步骤如下：

第一，构建双语平行语料库。整理出一份《红楼梦》中文原文和三个英文全译本的电子文本，借助 Paraconc 软件构建出“一对三”的平行对齐模式。

第二，提取与统计索引行。利用 Wordsmith6.0 和 AntConc3.3.5w 提取出原文与译文的目标索引行，观察并统计“忙××”结构及其对译项的搭配与语义特征。

第三，对比分析原文—译文语义韵。借助在线汉语平衡语料库和在线原创英语语料库，对比原文与译文节点词的语义韵特点。

最后，对统计结果与对比分析进行讨论。

4. 检索与统计结果

4.1《红楼梦》“忙××”结构语义韵考察

《红楼梦》汉语原文中出现大量的“忙××”结构。通过语料库检索与文本分析，发现这一结构可用于表达说话人对听话人的一种“敬意”，同时也是话语双方身份与地位的标志。借助 Antconc 3.3.5w 的语境共现检索功能，统计出海南出版社亚东本《红楼梦》中“忙”字的频次为 1252 次，其中有少量“忙”字作为形容词的检索项，绝大多数为“忙”字作为副词修饰动词的检索项，如“忙道”（75 次）、“忙问”（63 次）、“忙说”（38 次）、“忙命”（48 次）、“忙笑道”（67 次）、“忙答应”（22 次）、“忙问道”（15 次）等。除去这类报道动词外，“忙”字还常用来修饰其他移动类的动词，如“忙起身”（25 次）、

① 检索网址：http://corpus2.byu.edu/coca，检索时间 2014-5-27。

"忙上来"（25 次）、"忙拉"（17 次）、"忙迎"（15 次）、"忙去"（15 次）、"忙进来"（12 次）、"忙出来"（11 次）等。"忙××"结构在原文中的语义韵特点值得深入探讨。

《辞海》对"忙"释义为：1. 事情多，没有空闲，与"闲"相对；2. 急（2010：1267）。通过进一步检索国家语委现代汉语通用平衡语料库①，筛选出"忙"字作为副词修饰动词的搭配，并总结出其 3 种链接特点：1. 忙+报道动词，如："忙问"（84 次）、"忙说"（206 次）、"忙道"（19 次）等；2. 忙+动作类动词，如："忙上前"（9 次）、"忙跑过去"（3 次）等；3. 急/慌+忙+各类动词，如"急忙"（417 次）+动词、"慌忙"（96 次）+动词等。通过对节点词的语境共现观察，发现"忙××"在汉语通用平衡语料库中的语义韵特点与《红楼梦》原作一致，即"忙××"结构呈现出错综语义韵特点：一是表示动作急迫性的中性语义韵；二是表达动作发出者敬意的积极语义韵。经过我们对《红楼梦》近千项"忙××"结构的语境共现统计，依照交际情景与交际双方身份地位因素判断，中性语义韵与积极语义韵的比例分别为约 60%与 40%，即"忙××"表达中性语义韵的概率略高于积极语义韵，呈现出错综语义韵的特点。限于篇幅，语境共现检索不再一一列举。

"忙××"的错综语义韵同搭配动词有关，报道与转述动词"说""道""问""命"等大多表示中性语义韵；移动类动词"上来""拉""迎""去""进来"等则带有明显的积极语义韵。同时，"忙××"的错综语义韵也同原作中人物间的身份与地位有关。一般而言，当地位、辈分较高的人物（或同等身份、地位的人物间）发出该动作时，"忙××"往往表达一种单纯的紧迫性，偶尔也含有相互间的敬意。但当地位、辈分均低的人物发出该动作时，"忙××"往往表达出一种"自下而上"的"尊敬"。我们以《红楼梦》前 6 回中"忙+移动动词"为例（共 5 例），尝试进一步描写其语义韵特点。

① 检索网址：http://www.cncorpus.org/index.aspx，检索时间 2014/5/27。

例 1. 却说封肃听见公差传唤，忙出来陪笑启问，那些人只嚷：“快请出甄爷来。”（《红楼梦》第二回）

例 2. 黛玉忙起身迎上来见礼，互相厮认，归了坐位。（《红楼梦》第三回）

例 3. 门子忙上前请安，笑问：“老爷一向加官进禄，八九年来，就忘了我了？”（《红楼梦》第四回）

例 4. 宝玉见是一个仙姑，喜的忙来作揖，笑问道：“神仙姐姐，不知从那里来，如今要往那里去？我也不知这里是何处，望乞携带携带。”（《红楼梦》第五回）

例 5. 贾蓉忙回来，满脸笑容的瞅着凤姐，听何指示。（《红楼梦》第六回）

“忙+移动动词”常用于表达紧迫感与急切性，是一方向另一方表达“敬意”的动作体现。这类结构的急切感源于“忙”字的本义，其中暗含的“敬意”则是一种词汇搭配时交互产生的积极语义韵。这种积极语义韵的产生，既与搭配动词有关，也与交际语境乃至施动者双方的社会地位有关。因此，语义韵的生成也牵涉到话语交际的社会文化层面。问题是，这种原本不属于词汇语义范畴的语义韵在被转译为英语时能够为译者及时识别并正确传达吗？

4.2《红楼梦》英译文“忙××”对译项检索

我们借助平行语料库工具，检索出“忙××”结构的英文对译项，结果发现邦译本中绝大多数情况下以副词 hastily 及名词 haste 构成的介词短语来对译原文中“忙”字传达的意义。至于 hastily 与 haste 介词词组在意义与功能方面是否对应原作中的“忙××”结构，我们将结合词典释义与在线语料库检索加以验证。

4.3 基于英语原创语料库的“hastily××”语义韵分析

《朗文当代高级英语词典》对 hastily 的释义为：1. *adv and written* quickly，perhaps too quickly；2. hurriedly（2009：1040）。陆谷孙主编

的《英汉大词典》将 hastily 解释为：ad. 1. 急速地；匆忙地。2. 草率地，轻率地。3. 性急地，急躁地（2007：860）。通过上述两种释义可知，hastily 主要表达两种意思：一是"匆忙"与"急切"，二是"轻率""草率""急躁"。第二种含义往往暗含动作的"冒失""缺乏准备"与"思虑不周"等意。"hastily"本身也具备错综语义韵特点，相对"忙"字而言，其消极语义韵的意味更浓。那么，对于原文中交际一方通过"匆忙""急切"等概念表达出"敬意"的语境功能，译文中的 hastily 是否具有同样的感情色彩呢？为确保词义及语义韵考证的严谨性，我们检索了该词在美国当代英语语料库中的语境共现信息，统计出与其左右跨距为 5 且 MI 值①大于 3 的搭配词信息，结果见表 1：

表 1　美国当代英语语料库 hastily 语境共现检索

左侧 1-5 跨距内搭配检索				节点词	右侧 1-5 跨距内搭配检索			
搭配词	频次	搭配词	频次		搭配词	频次	搭配词	频次
acting	6	added	31	hastily	arranged	64	constructed	30
agreed	6	acted	8		assembled	42	conference	29
stepped	6	troops	7		called	40	erected	22
amended	4	buried	6		together	31	written	20
backed	4	replied	6		built	18	prepared	17

通过对比检索结果可知，hastily 在原创英语语境中的用法同邦译本中的用法大相径庭。首先，hastily 左侧的搭配词虽然也出现类似的引述类动词 added，replied，agreed 等，但副词 hastily 的位置均在被修饰动词的右侧，而邦译本中的 hastily 却几乎全部位于被修饰动词的左侧；其次，右侧跨距内的搭配动词均以组织、聚集、召集、建设、设立和准备等为主，均含有"组织""筹备"等含义，与 hastily 搭配时倾向于表达"仓促"与"准备欠妥"之义，尤其用于突发事件后"仓促"组织召开的新闻发布会等，带有明显的消极语义韵特点。原创英

① MI 是该语料库检测节点词与搭配词之间相互吸引强度的标准，MI 为互信信息，体现节点词（此处为 hastily）和搭配词之间的相互吸引关系。互信值的临界值为 3，大于 3 的搭配词可视为强搭配词。

语的语义韵和邦译本中hastily与引述动词及移动类动词搭配表达"急切"与"敬意"的交际意义有较大差距。为进一步观察 hastily 在原创语言中的语境意义，我们以搭配频次最高的 hastily arranged 为节点词组进行检索并列举出前5项，见表2：

表2　节点词组 hastily arranged 语境共现检索项目

（前5项，共64项）

N	Concordance
1	said a shy bearded scientist at a **hastily arranged** press conference, now infamous.
2	a small group of reporters in a **hastily arranged** news conference.
3	fifteen or twenty beds had been **hastily arranged** at one end along with some cabinets.
4	June is likely to be a time of **hastily arranged** meetings and heated discussions.
5	doing a photo layout of our **hastily arranged** "Welcome Penny Pizza Party," at which

如表2所示，hastily arranged 在语境中的意义大多表示"匆忙""仓促""准备不足"，具有明显的消极语义韵倾向。这一检索结果进一步印证邦译本中语义韵冲突的情况，即邦译文与汉语原文存在明显的语义韵冲突。

4.4《红楼梦》原文—译文语义韵个案对比

为进一步增强对比显著性，我们还需要参照霍、杨译本中对译"忙××"的检索项进行多译本对比，以考察不同译者处理原文同一语义韵时的差异性。具体操作方法是，以"忙迎××"为个案，考察三个译本翻译同一结构的差异性，见表3：

表 3 《红楼梦》"忙迎××"语境共现检索结果

（共 15 项）

N	检索项		
1	有个老奶奶来找你呢。"周瑞家的在内	忙迎	***出来***，问："是那位？"刘老老迎上来
2	裳，趔趔趄趄泼泼撒撒的。那丫头便	忙迎	***出去接***。秋纹、碧痕，一个抱怨
3	众多丫鬟媳妇走进院来。宝钗、黛玉等	忙迎	***至阶下相见***。青年姊妹经月不
4	，听见宝玉捱了打，也都进来。袭人	忙迎	***出来***，悄悄的笑道："婶娘们略来
5	只见贾母已带了一群人进来了，李纨	忙迎	***上去***，笑道："老太太高兴，倒进来
6	丫头回说："大太太来了。"王夫人	忙迎	***出去***。要知端底，下回分解。
7	丫鬟跑进来道："老太太来了。"众人	忙迎	***出来***，大家又笑道："怎么这等高
8	、宝琴、岫烟、惜春也都来了。宝玉	忙迎	***出来***，笑说："不敢起动。快预备好
9	平儿也打扮的花技招展的来了。宝玉	忙迎	***出来***，笑说："我方才到凤姐姐门上，
10	正在新房中，闻湘莲来了，喜之不尽，	忙迎	***出来***，让在内堂，尤老娘相见。
11	瑞旺儿的二女人搀进院来。二姐陪笑，	忙迎	***上来拜见***，张口便叫"姐姐"，说：
12	话之间，贾琏已走至堂屋门口，平儿	忙迎	***出来***。贾琏见平儿在东屋里，便也过
13	姐听了诧异，不知何事，遂与平儿等	忙迎	***出来***。只见王夫人气色更变，只带一
14	不多时又见平儿同着丰儿过来，岫烟	忙迎	***着问***了好，让了坐。平儿笑说道：
15	厮出去请了，冯紫英走进门来，贾政	忙迎	***着***。冯紫英进来，在书房中坐下，见

如表 3 所示，《红楼梦》原文中 15 项“忙迎××”均带有积极的语义韵特征，这种“急切与紧迫感”是为了表达动作发出者对交际对象的“敬意”。同时，我们检索出这一结构在三个全译本中的对译项，并归类如下：

表 4 “忙迎××”英译文三译本对比

原文	译本	译文	语义韵特点
忙迎××	邦译本	came hurrying out to greet, went hurrying to meet, **hastily** went to meet, came out **hastily** to receive, hurriedly went up to greet, went out **hastily** to receive, **hastily** came out to receive (2), **hastily** went out to greet (2), **hastily** came out to greet, **hastily** welcomed (2), **hastily** received, made haste to welcome	共 12 种表达法，hastily 出现 11 次，占到总样本的 73%，译文带有明显的消极语义韵
	霍译本	came hurrying out, hurried out to relieve, hurried out to welcome (2), came out to welcome, hurried forward to greet, hurried out to meet (2), hurried out to greet (3), hurry out to greet, hurrying out to meet, advanced to meet, hurried out to receive	共 11 种表达法，hastily 未出现 1 例，译文以 hurry 的各种变体为主
	杨译本	hurried out to see, hurried out to relieve, hurried to, be greeted by, hurried out to greet, hurrying to meet, went out to greet, hurried out to meet, **hastily** went out to greet, hurried out to welcome (2), go to meet, welcomed, rose to welcome，例 11 省译	共 13 种表达法，有 1 例省译，hastily 出现 1 次，译文以 hurry 的各种变体为主

如表 4 所示，邦译本使用带有消极语义韵的 hastily 多达 11 次之多，占到总样本的 73%。霍译本主要使用 hurry 一词的各类变体对译“忙迎××”的语义与交际含义。《朗文当代高级英语词典》将 hurry 解释为：1. v. 赶紧、匆促进行、催促、急送等；2. n. 匆匆忙忙、仓促、赶时间等（2009：1117-1118）。通过 BNC 与 COCA 两个语料库的检索发现，hurry 在两个库中分别出现 1636 次和 7174 次。在 BNC

中前 5 位搭配词依次为：up（333）、hurry（56）、please（38）、along（30）和 desperate（13）；在 COCA 中 hurry 前 5 位搭配词依次为：up（1176）、hurry（362）、please（140）、finish（38）和 catch（38）。更进一步的语义观察发现，两个原创语料库中与 hurry 搭配形成的表达式多以“催促”义为主，表达一种“急切感”和“紧迫性”，其中尤以 hurry up 的高频使用为最。由此可知，hurry 一词不带有明显的积极或消极语义韵，属中性语义韵范畴。杨译本同霍译本相似，多以 hurry 的各类变体来对译“忙迎××”，仅有 1 例使用 hastily 修饰动词。这是否意味着杨译本中对“忙迎××”结构的英译也存在一定的语义韵冲突？我们通过检索 hastily 在三个译本中的频次发现，杨译本中 hastily 总体频次为 200 次，霍译本仅为 28 次，邦译本多达 961 次。这一检索结果在一定程度上可以佐证我们对杨译本的推断，即语义韵冲突也存在于杨译本中，但程度不及邦译本。如表 5 所示：

表 5　霍译本《红楼梦》hastily 语境共现检索项

（前 5 项，共 28 项）

N	Concordance		
1	. But Abbot Zhang thought otherwise and	**hastily**	intervened: ‘I’m sure it does
2	leared away the remains of the meal and	**hastily**	relaid a table for Li Wan and Xi
3	the Edict with tears of gratitude, and	**hastily**	kowtowed, first in the direction
4	Mr Wang on an official call. Yu-cun	**hastily**	donned the hat and robe of offic
5	gerated reaction to her words, Faithful	**hastily**	pulled her to her feet. ’Well, w

通过观察霍译本中的 28 例 hastily 可知，霍克斯与闵福德在使用 hastily 时遵循该词在原创语言中的语义韵特点，主要用于表达“匆忙”“慌乱”“仓促”与“措手不及”等情况，霍译本 hastily 与原文呈现语义韵和谐。相对而言，杨译本 hastily 呈现出一定的语义韵冲突，属于和谐与冲突并存，邦译本则呈现出严重的语义韵冲突。我们进一步检索邦译本 961 例 hastily 与杨译本 228 例 hastily 语境共现信

息，发现与该词搭配的主要动词如下：

表 6　邦、杨译本 hastily 语境共现搭配动词特点

原文	译本	搭配词频	特点
忙××	邦译本	said (137), smiled (71), asked (67), came (39), answered (29), went (25), stood (20), took (20), gave (19), responded (16), called (15), knelt (15), ordered (15), turned (15), got (14), invited (14), put (14), replied (14), rose (14), commanded (13), followed (11), told (11), stopped (10)	报道/行为动词
	杨译本	put (9), rose (8), stopped (8), asked (6), stepped (6), got (4), took (4), wiped (4), changed (3), made (3), offered (3), opened (3), picked (3), raised (3), straightened (3), washed (3), went (3)	报道/行为动词

通过邦、杨译本中 hastily 搭配词频次统计可见，邦译本与 hastily 搭配的主要是两类词：报道动词（如 said，asked，answered 等）与动作类动词（如 went，stood，knelt 等），其中动作类不及物动词相对较多；杨译本与 hastily 搭配的则主要以动作类动词为主（如 put，rose，stopped 等），其中动作类及物动词较之邦译本频次更为突出，报道动词仅有 1 例 asked。以报道动词“忙笑道”为例，汉语原文中依据不同语境，属于“中性语义韵+积极语义韵”的错综语义韵，其类型取决于交际场景和交际双方身份地位。如下例所示：

例 6. 原文：黛玉见问，方想起前日的事来，遂自悔这话又说造次了，**忙笑道**：“你别着急，我原说错了。……”（《红楼梦》第二十二回）

邦译：When Tai-yü heard this question she at least recollected the affair of a few days before and she regretted that this remark also had been made on the spur of the moment. She ***hastily smiled and said***: “Don’t you get excited. I did in fact make a mistake when I said that…”

杨译：Reminded of what had happened the previous day, Daiyu regretted her thoughtlessness. “Don’t get so excited,” she ***begged***.

霍译：Remembering their recent quarrel, Dai-yu regretted her careless reintroduction of its theme and ***hastened to make amends***: 'Now don't get excited. I shouldn't have said that…'

例 7. 原文：凤姐儿**忙笑道**："好嫂子，赏我一点空儿。……"（《红楼梦》第四十五回）

邦译：Fêng-chieh ***hastily smiled and said***: "Good sister-in-law, give me a little-time…"

杨译："Give me a little time, dear sister," ***countered*** Xifeng.

霍译：'Give me a little time!' ***said*** Xi-feng ***pleadingly***.

例 6 中"忙笑道"是表示"急切""匆忙"的中性语义韵，表达黛玉匆忙纠正不当话语的急切心理。杨译 begged 与霍译 hastened to make amends 均一定程度明示出原文暗含的交际情景与说话者的急切心情。例 7 是王熙凤与李纨的对话，"忙笑道"在交际情景中含有对听话方的敬意，属积极语义韵。霍译 pleadingly 将其显化，表达王熙凤恳请李纨的意图；杨译使用 countered 带有"反驳"之意，有悖于"忙笑道"在原文交际语境下的积极语义韵。此外，邦译几乎将原文中所有 67 例"忙笑道"都译为 hastily smiled and said，忽略了其错综语义韵特点，邦译本 hastily 同原创英语及汉语原文均存在语义韵冲突。由以上分析可知，邦、杨译本 hastily 的使用均存在语义韵冲突，杨译本中与 hastily 搭配的动词与邦译本既有区别又有类似之处。杨译本 hastily 主要搭配动作类动词而非报道动词，就"忙笑道"的英译来看，杨译文虽不及霍译文更能传达原文语义韵与交际情景，但译文较之邦译文更为灵活，语义韵冲突严重程度也低于邦译本。

5. 讨论与启示

通过考察"忙迎××"结构及 hastily 的语义韵，我们发现邦译本、杨译本同汉语原文及原创英语均存在一定冲突，霍译本则呈现出较为明显的语义韵和谐。除此之外，若将考察范围拓展至“忙××”，即所有与“忙”搭配的动词结构，我们依然可以发现，邦、杨译本中这类结构同“忙迎××”一样，均同原创语言存在语义韵冲突。相对于“忙迎××”这种移动类动词词组而言，“忙道”“忙说”“忙问”“忙答”等引述与应答类动词均具有错综语义韵特点，既有中性语义韵也有积极语义韵。邦译文与杨译文同原创语言的主要语义韵冲突类型表现为“错综语义韵←→消极语义韵”；而“忙迎××”结构在邦、杨译本中的语义韵同原创语言的语义韵冲突类型则主要表现为“积极语义韵←→消极语义韵”。由此可基本断定：霍译本最符合原创英语语义韵；杨译本相对次之；邦译本与原创英语语义韵冲突最明显。三者的译者风格与译文质量也由此可见一斑。

综上所述，翻译文本语义韵的语境意义和交际功能不仅与原文存在冲突，还同目的语原创语言存在冲突。译本语义韵往往呈现出“错综语义韵←→消极语义韵”和“积极语义韵←→消极语义韵”两种冲突类型。语义韵冲突的产生可能是母语使用者为说反话故意为之，也可能是由非母语使用者对目标语语义韵的无知而造成的，外语学习者和母语为非目标语的译者都可能出现这种失误。就翻译语义韵的特点与表现形式而言，译本语义韵冲突的产生除上述原因外，还可能与译者的翻译策略有关。由于邦译本一贯选择较为极端的直译策略，“力求忠实于原文，以至于逐句、逐词甚至逐字直译，不仅使译文略显缺乏灵活性和自然性，有时甚至造成死译和误译”（刘泽权，2011：49）。因此，语义韵冲突的产生并非都源于译者语言能力和水平，语义韵的形成与译者的翻译策略也有直接关系。

6. 结论

综上所述，语义韵不仅是一种意义，也是一种表达交际功能与作品中人物态度的方式。通过节点词与搭配词之间相互预见、相互限制的语义韵特征，节点词与搭配词因反复共现而被传染上相关的语义特点，反之亦然。然而，在翻译文本中，译者的语言水平、原文对译文表达方式的影响、译者翻译策略的选择等因素，都可能导致译本语义韵冲突的发生。由此，译本语义韵与原文语义韵的和谐及冲突程度也可以作为衡量译者风格与评判译文质量的标准。相关的研究成果也可用于指导翻译实践、翻译教学，通过提高语义韵和谐、避免语义韵冲突来提高翻译质量。同时，通过《红楼梦》原文中“忙迎××”结构的考察可知，语义韵的形成不仅依赖于词汇之间的搭配关系，还有赖于交际语境中的情感态度和语用信息，这与交际情景、社会语用距离以及社会文化密切相关。因此，语义韵研究不只是搭配研究，更是一个涉及话语交际与社会语用领域的研究。

参考文献

Hawkes, D. & J. Mindford. (trans.). *The Story of the Stone* (Volumes I-V). Harmondsworth: Penguin, 1973—1986.

Yang, H. & G. Yang. (trans.). *A Dream of Red Mansions* (Volumes I-III). Beijing: Foreign Languages Press, 1978—1980.

Louw, B. “Irony in the text or insincerity in the writer?—The diagnostic potential of semantic prosodies”. In M. Baker, G. Francis & E. Tognini-Bonelli (eds). *Text and Technology*. Amsterdam: John Benjamins Publishing Company, 1993: 175-176.

Louw, B. “Contextual prosodic theory: Bringing semantic prosodies to life”. In C. Heffer, H. Sauntson & G. Fox (eds). *Words in Context: A Tribute to John Sinclair on his Retirement*. Birmingham: University of Birmingham, 2000.

Morley, J. & A. Partington. “A few frequently asked questions about semantic or evaluative prosody”. *International Journal of Corpus Linguistics*, 2009 (2): 139-158.

Partington, A. *Patterns and Meanings—Using Corpora for*

English Language Research and Teaching. Amsterdam/Philadelphia: John Benjamins Publishing Company, 1998.

Sinclair, J. *Looking Up*. London/Glasgow: Collins, 1987.

Stewart, D. "Safeguarding the lexicogrammatical environment". In A. Beeby (ed). *Corpus Use and Translating*. Amsterdam/Philadelphia: John Benjamins Publishing Company, 2009: 29-46.

Stubbs, M. *Text and Corpus Analysis*. Oxford: Blackwell Publishers, 1996.

Stubbs, M. "John Sinclair (1993—2007): The search for units of meaning: Sinclair on empirical semantics". *Applied Linguistics*, 2009(1): 115-137.

Xiao, R. & T. McEnery. "Collocation, semantic prosody and near synonymy: A cross-linguistic perspective". *Applied Linguistics*, 2006, 27 (1): 103-129.

[清]曹雪芹、高鹗. 红楼梦. 海口：海南出版社，1995.

胡显耀、曾佳. 翻译小说"被"字句的频率、结构及语义韵研究. 外国语，2010（3）：73-79.

黄娴、于春迟. 朗文当代高级英语词典（第四版）. 北京：外语教学与研究出版社，2009.

刘克强.《水浒传》四英译本翻译特征多维度对比研究. 上海外国语大学博士论文，2013.

刘泽权、刘艳红. 初识庐山真面目——邦斯尔英译《红楼梦》研究（之一）. 红楼梦学刊，2011（4）：30-52.

陆谷孙. 英汉大词典. 上海：上海译文出版社，2007.

唐义均. 论汉英翻译中的语义韵问题. 中国翻译，2012（5）：109-113.

卫乃兴. 词语学要义. 上海：上海外语教育出版社，2011.

卫乃兴. 基于语料库学生英语中的语义韵对比研究. 外语学刊，2006（5）：50-54，112.

卫乃兴. 语义韵研究的一般方法. 外语教学与研究，2002（4）：

300-307.

夏征农、陈至立. 辞海（第六版缩印本）. 上海：上海辞书出版社，2010.

A Chinese-English Parallel Corpus-Based Study on Semantic Prosody in Translation
—The Case of the "忙××" Structure in *Hong Lou Meng* and Its English Translations

Abstract: Semantic prosody is a special collocation phenomenon. It is a semantic harmony mechanism, discovered in the study of internal lexical semantics of words by the corpus-driven method, which reveals the interrelation of mutual semantic preferences among co-occurring words. The present study, exemplified by the high-frequency structure "忙××" in *HongLouMeng* and its English translations, investigates semantic prosody in translated texts based on Chinese-English parallel corpora. It is concluded that both harmony and conflict exist in semantic prosody in translation. A translator's language proficiency, translating philosophy and the constraints of source texts can all cause semantic prosody conflicts between translated texts and the non-translated texts in the target language, which can in turn cause the same conflicts between source text and target text. Semantic prosody serves not only as one crucial standard for the assessment of translation quality, a new dimension of describing a translator's style, but more importantly as a guidance in teaching translation and translating practice itself. Furthermore, the study of semantic prosody should be extended to the field of verbal communication and social pragmatics in the future.

Key words: parallel corpus, semantic prosody, semantic prosody conflicts, translator's style, *HongLouMeng*

（此文发表于《外语教学理论与实践》2014 年第 4 期）

评《汉英词典》（第三版）的英译*

——以 A 字部为例

赵刚

摘　要：本文以《汉英词典》（第三版）中的 A 字部为例，从词典学和翻译学两个角度指出了该词典中存在的一些翻译问题，并提出了修改建议。文章认为，合格的双语词典翻译者应该既深谙译事，又通晓词典学常识。

关键词：《汉英词典》（第三版）；A 字部；英译

1. 引言

由姚小平先生任主编，外语教学与研究出版社出版发行的《汉英词典》（第三版）（以下简称《第三版》）于 2010 年年初问世了。该词典是在 1978 年版的《汉英词典》和 1995 年版的《汉英词典》（以下简称《95 版》）修订版基础上"经过新一代学者十载潜心修订"（姚小平，2010）而成，堪称双语词典，尤其是汉英词典编纂界的一件大事。的确，该词典存在不少创新之处，如以实用原则为所有词目标注词性，大量收录新词新义等。然而，笔者在研读学习过程中，却发现

* 本研究受教育部社科研究基金青年基金项目（批准号 13YJC740145）的资助，项目名称为"外向型汉英学习词典设计特征的构建——一项基于词典用户需求调查的研究"。

其词目和例证的英译存在不少不尽人意的地方。下面以该词典中的 A 字部为例来考察该词典中的英译，指出不当之处，就教于方家。

2. 词典体例设置不当出现的翻译问题

该词典中的不少翻译问题源于词典体例设置的不当，这主要表现在以下两个方面：

2.1 既作词目又作例证的词目译文不一致

早在 1985 年，托马斯・克里默等就撰文指出了汉英、英汉词典在设例方面的一些问题。在该文中，他以《汉英词典》（1978）为例，明确指出，“把一个复合词既收作例子又立为条目是解决正确置放有些例子的一个办法。但是，如果不小心，这个解决办法本身会变成一个问题”。接着，他举了“土洋并举”和“地面沉降”这两个例子，指出它们在单独立目和作为例证时在该词典中的译文不一致，而这种不一致的翻译“会导致不必要的混乱”。但他又说，“值得庆幸的是，这一类前后不一致的问题在《汉英词典》中并不多见”。然而，在 25 年后经过两次修订的《汉英词典》（第三版）中，这个问题不但没有解决，反而更为严重了。请看下列例子：

1）**酷爱**

单独立目译文：love ardently; be crazy about; adore

“爱”条卜的例证译文：have an excessive fondness of; dead keen on

2）**母爱**

单独立目译文：motherly (*or* maternal) love

“爱”条下的例证译文：maternal love

该词典收录了“母爱”，漏收了“父爱”，而“爱”条下则配有“母（父）爱”的例证。

3）转危为安

单独立目译文：take a turn for the better; out of danger; pull through

“安”条下的例证译文：be out of danger; pull through; make it through

4）傲岸

单独立目译文：proud; haughty

“岸”条下的例证译文：haughty

5）破案

单独立目译文：solve (*or* clear up) a case

“案”条下的例证译文：crack (*or* solve) a case

6）草案

单独立目译文：draft (of a plan, law, etc.)

“案”条下的例证译文：draft

7）提案

单独立目译文：motion; proposal; draft resolution

“案”条下的例证译文：motion; proposal

8）明一套，暗一套

单独立目译文：act one way in the open and another way in secret—deceitful

“暗”条下的例证译文：play a double game

9）若明若暗

单独立目译文：have an indistinct (*or* blurred) picture of; have a hazy (*or* vague) notion about

“暗”条下的例证译文：(of sth.) indistinct; unclear

10）棉袄

单独立目译文：cotton-padded (or quilted) jacket

“袄”条下的例证译文：cotton-padded jacket

11）高傲

单独立目译文：arrogant

“傲”条下的例证译文：① supercilious; arrogant; haughty
② proud; self-respecting; high-minded

12）**自傲**

单独立目译文：① arrogant; conceited
② proud of sth.; take pride in sth.

“傲”条下的例证译文：conceited

从这些例子可以看出，既作词目又作例证的词目如果译文不一致，不但会“导致不必要的混乱”，而且会产生其他问题。拿“傲”字条下的“高傲”和“自傲”来说，它们单独成条时各为两个义项，一褒一贬，而它们作为例证时简单译为“arrogant”或“conceited”，则褒义尽丧，读者在判断选择时也会不知所措。所以，这类单独成条的词目最好不要再作为例证出现，如的确需要这些词目作为例证，将其列为参见即可。事实上，姚小平先生已经注意到了这个问题，他在该词典的序言中就以“塾”条为例，做了很好的阐述。他说，“以单字条目‘塾’为例，由于‘家塾’‘私塾’都另行单独成条，就不再重复引举这类词作为例证，而用参照标志示以这些常见的搭配”。这样看来，词典中之所以出现这么多的此类问题，关键在于编纂者没有很好地领会主编的意图和编纂思想。

2.2 配套词译文不一致

“配套词是指由在内容上密切相关、语义上相互补充、结构上相似的词所组成的一个聚合类。”（赵刚，2003：255）如“东”“南”“西”“北”“中”这五个词。配套词又可分为封闭型和开放型两类，前者是指那些内容上紧密关联、数量上相对固定的词汇系统，而后者则形式上相对松散，可以根据辞书的读者对象、辞书性质、编纂原则来决定收词的“层”和“度”。一般认为，一组配套词在一本词典中的译文必须保持一致，以求词典翻译的科学性。《第三版》中也存在不少配套词译文不一致的情况，譬如 A 字部就有：

1）爱丽舍宫：Élysée Palace (presidential residence of France)

白宫：White House (the official residence of the US president in Washington, DC)

2）奥斯曼帝国：the Ottoman Empire

奥匈帝国：Austro-Hungarian Empire

3）奥德河：the Oder River

黄河：Huang He River; Yellow River

另外，词典其他地方也有不少类似的例子，例如：

1）北上：go up north; head north

南下：go (down) south

2）北朝：the Northern Dynasties, namely, the Northern Wei Dynasty（北魏），the Eastern Wei Dynasty（东魏），the Western Wei Dynasty（西魏），the Northern Qi Dynasty（北齐）and the Northern Zhou Dynasty（北周）

南朝：the Southern Dynasties（南朝包括宋、齐、梁、陈四个政权。）

3）北冰洋：the Arctic Ocean

太平洋：Pacific (Ocean)

印度洋：Indian Ocean

大西洋：the Atlantic (Ocean)

4）东半球：eastern hemisphere

西半球：Western Hemisphere

5）东沙群岛：Dongsha Islands

西沙群岛：the Xisha Islands

3. 词类不对应产生的翻译问题

《第三版》大概是继《新世纪汉英大词典》（惠宇，2003）之后国内第二本明确提出坚持词类对译原则的汉英词典。关于这个问题，姚小平先生在词典的序言中如是说："一般说来，我们会尽量让源语和译入语的词类一致起来，一则可以显出英汉两种语言的共性，二则语感上会舒服一些，三则还可以多提供一种表达。"姚先生所言的确在理，尤其是既然词典编纂者已决定为词目标注词类，那么译文和源语词目在词类上对应就显得更为必要了。然而，不知为何，主编的这个观点在词典编纂实践中并没有得到认真执行，导致不少词目的译文让人感觉非常别扭。譬如"阿斗"一词，词典中已经注明为名词，但其第二个义项的第一个译文却使用了形容词短语 weak and foolish，这个译文不但与源语词目在词类上不对应，而且表述不准确，因为"阿斗"是以懦弱无能著称，但懦弱无能并不意味着他就 foolish。再如"碍"条，词典中标注为动词，但译文之一却用了介词短语 in the way of，而同类动词"碍事"却没有省略动词 be，译为了 be in the way，be a hindrance。同样，"碍眼"一词标注为形容词，但其中一个译文却用了动词短语 offend the eye。其他同类例子还有：

1）安于：（动）content (*or* satisfied) with
2）谙：（动）well-versed in
3）暗笑（动）secret glee
4）拗口：（动）awkward reading
5）聱：（形）awkward style
6）奥妙：（名）hidden
7）昂然：（副）upright and unafraid
8）暗下：（副）stealthy
9）暗：（形）secretly; in secret

10）爱好：（动）keen on
11）爱小：（形）have an eye for minor gains
12）挨近：（动词）near to
13）挨边：（动词）close to; connected with the topic; relevant; to the point
14）挨浇：（动词）drenched
15）爱：（动词）apt to; in the habit of

通过对该词典 A 字部的研读，我们大致可以发现，大多数由于词类不对应而引起的翻译问题，其原因可能是编者想节约词典空间，所以省略了诸如 be 这样的动词以及 a，the 这样的冠词。但令人费解的是，词典中有些地方省略了这些词，而另外一些地方却保留了，如“安”条的第二个义项的译文 be satisfied 就保留了 be。这样看来，尽管词典的修订就是一个增删的过程，但编者在具体操作时对于何时增删还得进行全面系统的考虑，既要保证词典释义的科学性，又要确保释义不走样，不引起歧义。

4. 其他翻译问题

上面的两个问题，与其说是翻译问题，不如说是词典学编纂的问题。下面主要就 A 字部一些具体的翻译问题进行讨论。鉴于造成这些问题译文的原因多种多样，我们不再对这些原因进行归类，而是一一列举，并做简要评述。各例中的黑体部分为词目词，白体部分则为该词目词的配例。

1）**阿姨**：nursemaid in a family, or caregiver in a nursery school or kindergarten

《现代汉语词典》（以下简称《现汉》）对该词的释义为：对保育

员或保姆的称呼（2005：1），但译文中使用 nursemaid 和 caregiver 这两个词却不妥当。先看 nursemaid，该词在英文中为旧体词（old-fashioned word），现在已几乎不再使用。维基百科（Wikipedia）对该词如此描述：A nursemaid is mostly a historical term of employment for a female servant in an elite household. In the 21st century, the position is largely defunct, owing to the relatively small number of households who maintain large staffs with the traditional hierarchy。这段话除了说明该词是一个 historical term 外，还有一些表述值得注意。一个是 servant in an elite household，这说明在西方，nursemaid 就是仆人，而且是精英家庭才能雇用，仆人和主人之间存在 hierarchy（等级）；另一个是 households who maintain large staffs，这说明，这些 elite households 一般雇用大量的仆人，而 nursemaid 只是其中一种。而汉语中的“阿姨”取“保姆”义时不但是一个常用词，而且“阿姨”与“主人”之间也不存在等级关系，而只是简单的雇佣关系。再看 caregiver，根据维基百科，该词通常用来指那些照顾残疾者的亲戚或朋友，不领取薪水（normally used to refer to unpaid relatives or friends who support people with disabilities），而领取薪水者则称为 care worker，professional caregiver，direct support professional，personal assistant，healthcare assistant（HCA）或 care assistant。此外，上述维基百科“nursemaid”一条下还提供了该词广为接受的一个定义：someone whose life is in some way restricted by the need to be responsible for the care of someone who is mentally ill, mentally handicapped, physically disabled or whose health is impaired by sickness or old age，这与“阿姨”的另一层意思“保育员”相差悬殊。有鉴于此，建议将“阿姨”一词译为 housemaid，housekeeper 或 nanny，child-minder。

2）**哀兵必胜**：an army with a grievance is bound to prevail

《现汉》（2005：2）对该成语的释义为“对抗的两军力量相当，

悲愤的一方获得胜利。指受压抑而奋起反抗的军队，必然能打胜仗”。《95版》(1995：2)将其译为“an army burning with indignation is bound to win”是完全正确的。《第三版》的修订者用grievance取代了burning with indignation是不妥当的，因为grievance的意思是something that you complain about because you feel you have been treated unfairly，汉语对应词为“委屈”“不满”“抱怨”“牢骚”等，譬如have a grievance against sb就是“抱怨某人”的意思。“哀兵必胜”中的“哀”是“悲愤”“受压抑”的意思，与“抱怨”“不满”等并无关系。当然，该成语更为全面的译法则是：an indignant army under heavy pressure is bound to win。

3）**哀而不伤**：sorrowful without self-injury

该译文让人感到非常费解，self-injury 是什么意思呢？难道是“自残”？其实，原成语的意思是“忧愁而不悲伤，形容感情有节制”。所以，可以译为：be mournful but without distressing或mourn with restraint。

4）**挨肩**坐着：sit very close (to each other)

辞书翻译不同于一般意义上的翻译，所配例证在缺乏语境的情况下最好不要随意引申。英文释义sit very close (to each other) 肯定不是中文原文“挨肩坐着”的意思，而是“坐得很近”。建议译为 sit shoulder to shoulder (with)。譬如：We sit shoulder to shoulder with others in movie theaters, pack tightly into elevators, and mingle with friends at parties.

5）身材**矮小**：be short and slight

《95版》（1995：4）把该例译为be short and slight in figure原本

是正确的。《第三版》的修订者去掉了 in figure 就产生了问题，因为 be short and slight 本身并不一定是“身材矮小”的意思，在特定语境下完全可以理解为“又短又轻”。由于双语辞书中的译文缺少语境，因而译文在语义上必须自给自足，以免引起他解和歧义。

6）**挨训**：be reprimanded; be rebuked
7）**挨批**：be subjected to criticism; be reproved

这两个词在《第三版》中均被标注为口语体，但 reprimand、rebuke 和 be subjected to criticism、reprove 在英文中却是正式语体。词目和译文文体显然不对应。

8）**艾窝窝**：steamed cake made of glutinous rice with a sweet filling

《95 版》中 sweet filling 前没有 a 是正确的，《第三版》中加了 a，尽管语法上可能没有问题（因为 filling 做“馅”解时既可作为可数名词，也可作为不可数名词），但从语义上来讲，还是不甚妥帖。

9）把**爱**倾注在孩子身上：heap affection on one's child; smother one's child with love

“把爱倾注在孩子身上”是讲父母对孩子无私的爱，是完全的褒义表达，如“我总觉得，只有这样一点一滴地***把爱倾注在孩子身上***，才对得起孩子，对得起幼教事业”。但遗憾的是，英语译文却是贬义。heap affection on one's child 明显是“溺爱”的意思，而 smother sb. with love/kindness 则是英文中的一个成语，意思是 to express your feelings for someone too strongly, so that your relationship with them cannot develop normally，意即“爱得/体贴得过分使人消受不了”。这两个译文明显与源语词目的语义不符。

10）**爱**厂如家：treat the factory like one's family

原词目是一个具有中国特色的表达，但译文却过于简单直白，由于文化方面的差异，英美读者可能难以对该译文产生共鸣，建议还是使用《95版》(1995：4)的译文：hold the factory as dear as one's family。当然，从词典配例实用的角度来看，这个例证也并非最好，建议用其他例证替代。

11）**爱**集体荣誉：cherish the good name of the group

修订者把《95版》中的the collective改成了the group实属多余。在中国，集体就是the collective，the group则通常理解为“小集团”“小群体”，与“集体”的差异不可谓不大。

12）**爱**晕车：get carsick

get carsick是“晕车”“爱”给漏译了。

13）你在文娱方面有什么**爱好**？：What do you do for recreation?

这个译文的意思是：你通常都做些什么娱乐活动？这与询问爱好还是有区别的，例如西方人经常会问：What do you do for recreation? Do you have a hobby?（你通常都做些什么娱乐活动？你有什么爱好吗？）这里进一步的询问do you have a hobby更为明显地说明了“通常所做的娱乐活动”和“娱乐方面的爱好”之间的区别。建议还是使用《95版》的译文：What kind of recreation do you go in for?

14）他深深地**爱恋**着那位姑娘：He is head over heels in love with that girl.

head over heels 是一个幽默的英文表达方式，意思是 completely，uncontrollably。如果将此句译为 He is head over heels in love with that girl，那暗示他被迷恋得神魂颠倒，不可自制。这与含蓄深沉的汉语表达“深深地爱恋”并不对应，建议译为：He is deeply attached to that girl.

15）**爱慕**虚荣：vain; vanity

“爱慕”在该词典中被标注为动词，但作为该词的第一个动宾例证，译者只译出了“虚荣”，却不译“爱慕”，让人费解。如果说第一个译文 vain 读者可能还可以将其默认为形容词，根据自己的英文常识在使用时加上 be 的话，第二个译文 vanity 就很难直接使用了。建议还是采用《95 版》的译文 be vain，be given to vanity 为好。

16）**爱鸟周**：Bird Protection Week

这是“护鸟周”，而非“爱鸟周”。后者一般译为 Bird-Loving Week。

17）**爱惜**羽毛：treasure one’s honour

修订者在《95 版》译文的基础上增加了上面的译文，但据笔者查证，事实上 treasure one’s honour 这个搭配在英文中极为少见，建议不用该译。

18）**爱欲**：desire for love

《现汉》（2005：6）对该词的释义为：爱的渴望，一般指男女间对情爱的欲望。该词在实际应用方面也的确多指情爱，如“勾起爱欲”“他一生纠缠于爱欲中，为后人留下了许多描绘爱欲生死的绝世名作”等。译文 desire for love（对爱/爱情的渴望）却没有译出“情欲”这层最为主要的意义。建议译为：sexual desire。

19）**碍面子**：avoid upsetting

“碍面子”的意思是怕伤情面。avoid upsetting 这个译文不但语义不全（upsetting 没有宾语），而且令人费解。估计是译者漏掉了 upsetting 的宾语。

20）他在工作，别**碍**他的**事**：He is working so don’t interrupt.

最好在 working 和 so 之间加上逗号。

21）这不**碍事**：It’s of no consequence.

“碍事”在该词典中被明确标为口语体，所以没有必要使用 It’s of no consequence 这样文绉绉的说法，应尽量使释义的译文能体现原文的语体风格。

22）**碍手碍脚**：be one too many

be one too many 的意思是 more than necessary，意即“多余的”“没有必要的”。“碍手碍脚”的人或物可能会“多余”，但“多余”的人或物却不见得就“碍手碍脚”，这属于理解偏差造成的译文语义偏差。

23）**安**电灯：install electric lighting

“安电灯”的正常理解就是“安装电灯泡”，不知为何该词典的修订者要把《95 版》中的 lights 改为不可数名词 lighting?

24）**安邦定国**：(of a ruler) bring peace and stability to the country

“安邦定国”可不一定只是 ruler 的责任，例如：诸葛亮躬耕垅亩，胸怀大志，自比管仲、乐毅，自信有安邦定国之才，期待着有朝一日施展抱负。所以（of a ruler）这个括注完全没有必要。

25）**安厝**：keep a coffin in a temporary shelter pending burial; lay a coffin in a temporary burial place for permanent reburial later

《现汉》（2005：6）给该词的释义为：停放灵柩待葬或浅埋以待正式安葬。译文没有注意到“或”这个词，而用分号把“停放灵柩待葬”和“浅埋以待正式安葬”进行了分割，难以表达出释义中“或”一词所表达的选择之意。建议还是像《95 版》那样，用 or 连接译文的两个部分。

26）**安堵**：peaceful; tranquil

根据《现汉》（2005：7），该词是动词，意思为“安定地生活”，《第三版》中将该词标注为形容词，已属不当，再译为 peaceful 和 tranquil，漏掉了“生活”，则完全扭曲了原词的意思。

27）**安度**：spend (time) in comfort

根据《现汉》（2005：7），该词的意思是“平安度过”，并没有

in comfort 的意思，建议译为 enjoy a peaceful life 或 spend (one's time, etc.) in peace。譬如“安度余生”可以译为 enjoy a peaceful life in one's remaining years。

28）**安分守己**：① follow the rules
② content with things as they are

“安分”的意思是“规矩老实；守本分”，但 follow the rules 却是“遵守规则”的意思。“安分守己”的人肯定遵守规则，但“遵守规则”的人则不一定安分守己。content with things as they are 在《第三版》中既是“安分守己”的译文，也是“安于现状”的译文，但这两个词的意思明显是有区别的。建议“安分守己”不用此译。

29）贪图眼前的**安乐**：instant gratification

译者漏译了“贪图”一词。

30）**安居**工程: Subsidized Housing (for low income urban residents); low-cost housing project

首先，既然第一个译文中的各词均为首字母大写，那么，第二个译文也应采用首字母大写。其次，subsidized housing 在英文中早已存在，其本义就是指政府为中低收入者进行房屋补贴；该词能否用来翻译“安居工程”暂且不论，但就从语义上讲，后面的（for low income urban residents）纯属冗余，建议删除。

31）**安全**正点：safe and punctual (of trains, buses, etc.)

译文中的括注似乎放错了地方，应该是: (of trains, buses, etc.) safe and punctual。

32）**安身立命**：settle down to career and life

英文中有 settle down to life，却没有 settle down to career，更没有 settle down to career and life 这样合起来的表述。

33）**安享**：(of an elderly person) enjoy in peace

虽然汉语中有“安享晚年”“安享清福”的表达，但也有“安享未来”“善待臭氧，安享阳光”“安享回报/太平”“安享稳健收益”“安享太平盛世”等表达。《现汉》（2005：8）对该词的释义为“安安稳稳地享受或享用”，也没有说明该词专用于老年人，所以建议去掉译文中的（of an elderly person）。此外，enjoy in peace 似乎应该译为“安度”，而“安享”则应该是 enjoy in peace and comfort，这样才能体现出原词中“享受”和“享用”的意思。

34）**安享**晚年：be comfortable and carefree at the rest of one's life

译文和原文的搭配词语义不完全对等。the rest of one's life 并不一定等同于“晚年”，例如在下面两句中，the rest of one's life 就不是“晚年”的意思：

（1）In 1985, after my third year of accounting, I looked at **the rest of my life** as an accountant and decided that I should at least give music a chance.

（2）I looked *at **the rest of my life*** and felt I simply could not tolerate this any longer.

35）在树林里**安营**：camp out in the woods

“在树林里安营”应该是 camp in the woods，译文中的 out 体现出译者事实上预设了一个前提，即“原本不应该在树林里安营”，而由于种种原因才 camp **out** in the woods。这种译文在特定的语境中没有问题，但作为缺乏语境的词典翻译却显得不甚妥当。

36）**安于**落后，不求上进：stick-in-the-mud

首先，读者可能不会使用这个译文，因为他们不知道 stick-in-the-mud 的词性，也不了解该词是指人还是指物。如果单从词典翻译的角度来看，最起码应该译为 be a stick-in-the-mud。此外，stick-in-the-mud 现在常用来形容思想保守、墨守成规、不愿尝试新事物的人，该词可能有“不求上进”的意思。但不一定就有“安于落后”的意思。所以它并非源语例证的最佳译文，而属于译者的过度归化，在双语词典翻译中并不可取。

37）**按**常规办事：according to convention; in accordance with practice

译文只是表达了“按常规”之义，“办事”却给漏掉了。建议译为：act according to convention/in accordance with practice

38）他因盗窃留有**案底**：He has a criminal record from having committed theft in the past.

通常“in the past”与动词的过去式相搭配，但此处 having committed the theft 为完成体，所以最好把 in the past 改为 before。

39）记录在**案**：for the record

for the record 并非“记录在案”的意思，而是“为了记录在案”，常用于提起注意，为口语体。《朗文当代高级英语辞典》（2004：1645）

对该短语的释义为：*spoken* used to mean that you want people to remember what you are now saying。并给出一个例证：Let me just state for the record, that until yesterday my client had never seen Mr Rigati before.（我必须郑重声明，直到昨天之前，我的当事人从未见过加蒂先生。）

40）**暗藏**枪支：illegally possess firearms

“暗藏枪支”并不一定就是 illegally，例如下面的例子：

靠海的小镇里，有家挺大的汽车修理铺，铺子前的街道往日除了来修车的人，一般是冷冷清清，偶尔有玩轮滑的孩子嬉戏追逐，今天截然不同，路两边停了不下三十辆轿车越野车，十多个五大三粗的华人汉子来回踱步，腰间鼓鼓囊囊，**暗藏枪支**。

41）**暗娼**：call girl

此译文与原词目语义不对应。call girl 是“应召女郎”的意思，在西方国家，call girl 甚至是合法的职业，因为她们可以在杂志和网络上公开为性服务打广告。这和汉语中的“暗娼”含义（暗地的、违法的）并不一样。

42）**暗恋**：unrequited love

“暗恋”为“暗中爱恋”，并非“单相思”，只是被暗恋的一方可能不知道而已。建议译为：love secretly 或 fall in love with sb secretly。

43）明人不说**暗话**：A forthright man has no use for insinuation.

这个例证在“明人”一条中也出现了，在那里的译文则为：An honest (*or* forthright, righteous) man says nothing deceitful。笔者认为，

这两个译文都不理想，前者表意模糊，后者用词欠妥。因为“明人不说暗话”的意思是“光明正大的人说实在话，不转弯抹角”，“实在话”和“不转弯抹角”并非一定译为 deceitful。建议译为：A straightforward man does not resort to insinuations.

44）**暗笑**：① laugh in (*or* up) one's sleeve
② sneer secretly at; secret glee

该词第一个义项的意思为“暗自高兴”，第二个义项的意思为“暗自讥笑”，但第二个义项的译文 secret glee 却是“幸灾乐祸地笑；[因好事发生在自己身上]而暗自兴奋”，所以该译文应放在第一个义项下才对。

45）**暗中**摸索经验：gather experience on one's own; learn the ropes by oneself; learn by trial and error

这三个译文在特定的语境下都是正确的，但作为词典例证的无语境译文却不太妥当，因为 on one's own，by oneself，by trial and error 这三个短语本身均未表达出“暗中”的意思。

46）表面有**凹陷**：surface depressions

原例证为动宾结构，译文却成了名词短语，建议译为 with surface depressions。

47）**昂然**直入：step proudly

估计译者漏掉了 in，建议译为 step in proudly。

48）**熬年头儿**：aspire to seniority without performance

这个译文让人有点不知所云，建议根据汉语释义“指不积极进取，只靠工作年限的增长而获得晋级或加薪等”，将其译为：aspire to seniority (*or* promotion/salary increase, etc.) without improving one's performance。

49）**岙**：level land in a mountain [usu. in place names]

建议把括号内的解释放在前面：(usu. in place names) level land in a mountain。

50）**拗口**：awkward-reading

这个译文本身就有点“拗口”，不如译为比较地道的 tongue- twisting。

51）**傲视**：turn up one's nose at

“傲视”在该词典中标注为书面语体，但 turn up one's nose at 却是英语非正式的表达。二者在语体上不一致。

52）**奥妙**：hidden

“奥妙”和 hidden 一个是名词，一个是形容词，估计译者可能是漏掉了 hidden 的修饰语。

5. 结语

本文以《汉英词典》（第三版）中的 A 字部为例，从词典学和翻译学两个角度对该词典中存在的一些翻译问题进行了评述。从中可以看出，尽管汉英词典编纂在国内已取得了较大的进展，但作为双语词典核心的翻译却还存在各式各样的问题。出现这些问题的原因是多样的，但解决这些问题的关键所在，是辞书翻译者必须既通晓辞书学知识，又对翻译有较为深入的了解。

参考文献

Wikipedia. 2014. The free encyclopedia. “Caregiver”. http://en.wikipedia.org/wiki/Caregiver.

Wikipedia. 2014. The free encyclopedia. “Nursemaid”. http://en.wikipedia.org/wiki/Nursemaid.

北京外国语大学英语系《汉英词典》编写组. 汉英词典（修订版）. 北京：外语教学与研究出版社，1995.

惠宇. 新世纪汉英大词典. 北京：外语教学与研究出版社，2003.

托马斯·克里默、吴莹. 释义之外：汉英、英汉词典中设例方面的一些问题. 辞书研究，1985（5）：74-81.

姚小平. 汉英词典（第三版）. 北京：外语教学与研究出版社，2010.

英国培生教育出版有限公司. 朗文当代高级英语辞典（英英·英汉双解）. 北京：外语教学与研究出版社，2004.

赵刚. 试论汉英词典中配套词的处理. 曾东京主编. 双语词典研究. 上海：上海外语教育出版社，2003.

中国社会科学院语言研究所词典编辑室. 现代汉语词典（第五版）. 北京：商务印书馆，2005.

A review of the translations in *A Chinese-English Dictionary* (3rd Edition) —A case study of the content under letter A

Abstract: Taking the content under letter A as examples, this paper reviews the translations in *A Chinese-English Dictionary* (3rd Edition) from the perspectives of lexicography and translation studies, pointing out the inadequacies and putting forward suggestions for improvement. It holds that a qualified translator of bilingual dictionary entries should be versed both in translation practice and lexicography.

Key words: *A Chinese-English Dictionary* (3rd Edition), content under letter A, English translations

（此文发表于《外语教学理论与实践》2014 年第 3 期）